KB150372

나는
엄마와
거리를 두는
중입니다

애틋하면서도 같이 있으면 답답한 모녀관계,
불편과 갈등을 이해하기 위한 심리학 수업

나는
엄마와
거리를 두는
중입니다

손정연 지음

팜파스

엄마와 나 사이에 존재하는
'감성'을 깨우는 일

글을 쓰는 작가로 나의 인생을 살아갈 날이 온다면 한 번쯤 써보고 싶었던 주제 중 하나가 엄마의 이야기였다. 물론 드라마적인 요소를 가득 담아 소설로 써보고 싶었지만 아직은 내 글의 능력이 거기까지 도달하지는 못한지라 지금 내가 하는 일의 전문성을 살려 우리가 놓쳐버려선 안 될 엄마와 딸의 감성에 자극을 줄 수 있는 이야기를 써보기로 했다.

나는 중학생 이후로 엄마와 떨어져 지냈다. 소위 시골에서 인근 도시로 유학을 떠난 셈이다. 그렇게 청소년기와 성인기를 따로 떨어져 지냈던 우리 모녀는 성인이 되고도 한참이 지난 후에야 다시 한 집에서 살 수 있게 되었다. 함께 합친 게 벌써 6년째이다. 나와 엄마 그리

나의 딸까지 3대가 한 집에서 경험하고 있는 다양한 감정들과 그로 인해 영향받고 있는 이런저런 일상들을 엄마와 딸의 시각으로 다뤄보고 싶었던 것이다. 너무 딸의 입장만 대변하지도, 너무 엄마의 상황만 이해해달라고 치우치기보다는 양쪽의 이야기를 모두 들려주고 싶었다.

누구라도 태어나 처음 부르게 되는 이름, '엄마', 그 두 글자 단어가 우리에게 주는 의미는 너무나 강렬하다. 특히, 같은 성별로서 동일한 역할의 삶을 살아내는 딸의 입상에서는 더욱 그러하다. 교육과 상담의 현장에 있으면서 들었던 슬픔과 분노, 후회의 이야기들 가운데에는 늘 엄마가 등장했다. 더러는 이미 세상을 떠나버린 엄마에게 갖은 원망의 마음이 발목을 붙잡고 놔주지 않는 경우도 있었다. 나는 세상의 엄마와 딸들이 너무 닮은 서로의 모습에 불만을 갖기보다는 감사하며, 가감 없이 있는 그대로 그녀들의 모습을 볼 수 있도록 도와주고 싶었다.

집필을 시작하기 전 내가 봤던 또는 그 이후에 봤던 엄마와 딸의 관계를 다루는 책들은 비슷한 맥락의 이야기를 하고 있었다. 엄마는 가해자이고, 딸은 피해자라는 관점에서 성인이 된 딸이 독립하기 위해 가해자인 엄마로부터 벗어나려면 단호하게 거절해야 한다는 내용이었다. 나에게는 그런 식의 맥락이 불편하게 느껴졌다. 엄마와 딸의 관계는 SNS 상의 친구 맺기와 친구 끊기가 아니기 때문이다. 비록 딸의 독립과 자율성을 방해하는 것이 엄마라는 존재라 할지라도 분리의 방식이 무작정 거부하며 저항하는 거친 잘라냄이 되어서는 안 될 것이다. 더 안전한 방법으로 딸의 독립을 지지하고, 엄마의 독립 또한 시도해야 한다.

이 책의 제목에서 말하는 거리 두기는 모녀 사이 연결을 끊는 것을 의미하지 않는다. 엄마와 딸이 '희생하는 엄마', '착한 딸' 등 서로에게 주어진 역할로 사는 것을 멈추고, 개인의 이름으로 살아가는 것을 의미한다. 그것은 바로 '나다움'이다. 누구에게 침범당하거나 눈치 보지 않는 나다움은 스스로의 선택과 그에 따른 온전한 책임을 뜻한다. 엄마와 딸은 서로가 인생길에서 만나는 수많은 관문의 선택과 책임을 경험할 수 있도록 근거리에서 지지하고 격려하는 관계로 존재해야 한다. 이 책이 그 출발점이 되기를 바란다.

매 챕터는 '시네마 프롤로그'로 시작한다. 엄마와 딸을 주제로 다뤄졌던 영화와 드라마 중 작가에게 영감과 위로를 주었던 작품들을 선택했다. 영화와 드라마 속 주인공은 일상 속 우리가 숨기며 묵혀 두었던 감정의 말들을 감추지 않고 말한다. 이를 통해 잊고 살았던 혹은 알면서도 무시하며 살아왔던 나와 엄마의 모습을 발견할 수 있기를 바란다. 또 책을 준비하고 인터뷰를 하며 각 세대별 여러 사람을 만났다. 그녀들이 들려준 이야기를 조금씩 수정하여 내용을 다뤘고, 부득이하게 가명을 사용했다. 또한, 우리가 몰라서 익숙하지 않아서 지나쳐버린 마음속 감정과 생각들을 심리상담의 맥락으로 쉽게 접근해보려고 노력했다. 이것이 관계 설정과 회복이 어려워 방황하는 엄마와 딸들에게 멀리서나마 빛이 보이는 등대의 역할을 해줄 수 있었으면 좋겠다.

세상엔 무수히 많은 엄마와 딸의 이야기가 있다. 책 중에 소개된 이야기가 세상 모든 엄마와 딸을 대변하지는 못할 것이다. 어쩌면 이것이 나에게 주어진 모녀 관계를 수용하고 인내할 수 있는 연민의 마음을 가능하게 하는 작은 여유를 만들어줄 거라 생각한다.

나는 엄마와 딸의 일상 곳곳에 잠들어 있는 감성을 깨우는 작업을 하고 싶었다. 새벽 아침 '후두둑 후두둑' 내리는 빗소리가 밤새 뒤척이게 했던 어젯밤의 고통을 내려놓도록 이끌기도 하며, '찌르르 찌르르' 이름 모를 풀벌레 그리고 작은 새소리로부터 평온을 느끼는 날도 갖게 될 것이다. 날카롭고 냉철한 이성으로는 이해할 수 없었던 논리들이 유연한 감성의 세계에서는 거부감 없이 수용될 수도 있기 때문이다.

이 책 속의 글들이 고단한 삶에 밀려 잠들어버린 당신의 감성에 좋은 자극을 줄 수 있는 하나의 선물이 되기를 바란다. 그리고 더 늦어버리기 전에 그것을 당신의 엄마와 딸과 함께 공유할 수 있다면 좋겠다.

- 2017년 가을 문턱에서, 저자 손정연 -

목차

PART 1

엄마와 나 사이,
우리가 여전히 불편한 이유

우리는
조금씩 천천히
어른이 된다

- 영화 '누구의 딸도 아닌 해원' 중에서

'나 지금 힘들어'라고 속내를 내비치는 것에 머뭇거리게 되는 대상이 있다. 나의 힘듦을 말함으로 인해 그 사람의 잠 못 이룰 날들이 눈으로 보지 않아도 선하기에 차마 입이 떨어지지 않는 것이다. 누구든지 해원을 보면 예쁘다고 말해주지만 그녀 스스로는 자신의 아름다움을 인정하지 않는다. 그리고 그녀는 힘든 일에 부딪혀도 씩씩한 척 버텨낸다. 영화를 보는 내내 해원이 너무나 안쓰러웠다. 왠지 나의 스무 살 그 시절이 떠올라 더욱 그랬을 것이다.

이혼 후 캐나다로 이민을 가는 엄마와 한국에 홀로 남게 되는 딸 해원은 겨울이 끝나갈 무렵의 어느 날, 차가운 공기가 채 빠져나가지 않은 서울의 한 동네 골목에서 만난다. 해원은 엄마와 밥을 먹으며 엄마가 이민 가게 되는 캐나다가 좋은 곳이길 바란다는 말을 한다. 그러자 엄마는 소녀처럼 맑은 미소를 지으며 그곳에 가면 자신이 하고 싶었던 대로 마음대로 다하고 살 거라며 낯선 타국 캐나다에서 시작될 제2의 인생에 대한 기대감을 한껏 들뜬 표정과 음성으로 전한다. 엄마의 희망에 찬 얼굴 때문이었을까? 해원에게선 엄마와 헤어지는 딸이라면 갖고 있어야 할 안타까움과 그리움의 마음보다는 잠깐 해외여행이나 유학을 떠나는 친구를 응원하는 듯한 즐거움이 더욱 크게 느껴졌다. 엄마는 그런 해원에게 사는 건 죽어가는 거고, 우리 모두는 하루하루 조금씩 죽음을 향해서 살고 있다고 말하며, 해원에게도 현재의 시간을 아끼지 말고 하고 싶은 대로 하면서 살라는 당부의 말을 남긴다. 이별을 앞둔 모녀가 함께 하는 마지막 식사이자 대화였다. 이번에 헤어지면 언제 다시 볼지 모르는 엄마와 딸. 어쩌면 그들은 이제는 영영 볼 수 없을지도 모른다. 하지만 두 사람은 평소와 다름없이 밥을 먹고, 길을 걸으며 차를 마시는 등 너무도 평범한 일상의 시간을 보낸다. 문득 엄마와 이별의 순간이 가까워지고 있음을 느낀 해원은 다짜고짜 엄마에게 자신이 너무 튼튼한 것 같다는 말을 한다.

그녀들의 마지막 대화는 왜 이 말이어야 했을까? 해원이 하고 싶었

던 말은 이 말이 아니었을 것이다. 그리고 했어야 하는 말도 그 말은
아니었을 것이다.

'엄마 안 가면 안 돼요? 엄마 나 엄마가 너무 보고 싶을 것 같아요. 엄마 없이
혼자라고 생각하니 너무 외롭고 무서워요.'

이 말이었어야 했다. 그러나 그녀는 그 중요한 순간, 이 말 대신 자
신은 튼튼하고 씩씩한 사람이라고 고백 아닌 고백을 하더니 엄마의
건강을 챙기는 것으로 마지막 인사를 이어간다. 그렇게 마음에도 없
는 말로 엄마와의 이별을 버려낸 해원은 공허해진 자신의 마음을 사
랑해서는 안 될 남자와의 사랑을 유지하는 것으로 채우려 애쓴다. 그
관계는 시작부터 어긋난 부적절한 관계임에도 불구하고 그녀는 이 만
남의 끝을 내는 것에 주저하고 있다.

이야기 중 나의 뇌리에 강하게 남은 장면이 하나 있다. 허름한 동
네 어귀의 작은 책방, 그리고 길가에 내놓은 중고 서적들…. 젊은 남
자 주인은 책을 들어 살펴보는 해원에게 가격은 주고 싶은 만큼만 주
면 되니 갖고 싶으면 편하게 가져가라고 말한다. 해원은 어떻게 그러
냐며 그러면 자신의 속마음이 너무 드러나지 않느냐고 멋쩍은 표정
을 지으며 끝내 책을 사지 못한다. 그런데 영화 중반쯤 같은 장소에

서 한 번 더 이 장면이 반복된다. 이번엔 책방을 찾은 손님이 중고 책을 만지작거리는 해원에게 책값은 내고 싶은 만큼만 내면 가져갈 수 있으니, 마음에 들면 가져가라고 말해준다. 여전히 해원은 내가 너무 드러나니 가격을 지불할 수 없다고 말한다. 그런 그녀에게 그 손님은 '그러면 드러나지 않을 정도만 내면 된다'고 말한다.

자신의 속마음이 겉으로 드러나는 것을 두려워하는 사람들이 있다. 타인을 의식해서일 수도 있고 자신의 내면이 지켜야 하는 규칙 속 'Should(~해야만 한다)'가 강해서일 수도 있을 것이다. 민낯의 나를 보여주면 상대에게서 거절당하거나 타인들로부터 좋지 않은 평가를 받을 수도 있다는 생각이 뿌리내리고 있기 때문이다. 이것은 있는 그대로의 자기에 대한 자신감이 낮기 때문이기도 하다. 우리의 마음은 겉으로 보이는 나의 외면을 가리키는 '페르소나'와 겉으로 보이지 않는 무의식의 '그림자'로 구분해볼 수 있다.

해원의 '역할을 수행하는 나'인 페르소나는 스스로를 씩씩한 사람, 조금은 차가운 사람으로 행동하게 만든다. 하지만 남들에게 보여주지 않았던 그녀의 '무의식 속 나'의 그림자는 외롭고 두려움 많은 그저 여린 사람이다. 해원이 타인에게 보여주는 페르소나와 자신만이 알고 있는 그림자 사이 간격은 너무 크다. 그것이 그녀를 이따금 공허하고, 씁쓸하게 만드는 주범인 것이다.

해원은 그녀의 엄마도, 사랑하는 남자도 붙잡고 싶었을 것이다. 하지만 그런 속마음을 품고 있는 자신이 왠지 이기적이며 자기밖에 모르는 속물처럼 느껴졌고, 그런 마음을 들키는 것이 무엇보다 두렵고 불안했던 것이다. 그래서 그녀는 모두를 자신에게서 떠나도록 허락한다. 자신은 씩씩하니까 충분히 이겨낼 수 있음을 보여주는 것도 잊지 않는다.

우리들 중 자신이 느끼는 감정에 솔직할 수 있는 사람은 몇이나 될까? 우리는 때때로 자신이 느끼는 좌절, 분노, 증오, 시기, 수치심과 같은 감정을 감추기 위해 아무렇지 않은 척 '전 괜찮아요'와 같은 행동을 하곤 한다. 그리고 이러한 감정 속임의 대상이 가족일 경우 그것에 대한 당위성에 더욱 절대적인 힘이 발휘되기도 한다.

어른이 된다는 것은 단순히 스무 살의 나이 먹음을 의미하지는 않는다. 그것은 자신이 어떤 사람인지 사실 그대로를 볼 수 있는 통찰을 갖는다는 것이다. 밝음과 어둠을 모두 가지고 있는 자신일지라도 판단 없이 받아들일 수 있을 때 우리는 진짜 어른으로서 성장통을 경험하게 될 것이다. 영화의 끝 부분 해원은 혼자 남한산성을 걷다 문득 외롭고 슬프다가 갑자기 무서워졌다는 말을 한다.

우리는 가끔 외로워도 된다.

슬퍼도 된다.

무서우면 눈 질끈 감고, 그냥 안겨버려도 된다.

자신의 나약함을 인정할 수 있을 때만이 다른 사람을 향해 도움을 청하거나 당당하게 요구할 수 있게 된다. 우리들의 '스물', 어른의 나이는 한 번에 만들어지는 것이 아니다. 우리는 지금 이 순간도 조금씩 천천히 어른이 되어가고 있는 것이다. 그러니 애써 한꺼번에 씩씩해지지 않아도 된다. 단번에 어른이 되지 않아도 된다. 그래도 되는 것이다.

'너 잘되라고 하는 소리야'는
왜 잔소리가 되어버릴까?

가끔 부모 대상으로 강의를 하게 되면 나는 첫 질문으로 이런 말을 한다.

"과연 부모의 역할은 언제 끝날까요? 부모의 역할에 유효기간이 있을까요?"

부모들은 대답한다.

"죽으면 끝납니다."

나는 다시 질문한다.

"과연 부모의 역할은 부모가 죽는다고 끝이 나는 걸까요? 저희 아버지는 12년 전에 돌아가셨습니다. 하지만 저는 무엇인가 큰 결정을 할 때면 '아빠라면 어땠을까?'를 고민하기도 합니다. 다시 한 번 물을게요. 부모의 역할은 언제까지입니까?"

그때서야 하나둘 대답을 한다.

"죽어서도 안 끝납니다."

그렇다. 부모는 죽어서도 부모인 것이다. 내가 강의장에서 만나는 대상자들은 참 극과 극의 사람들이 낳다. 어느 때에는 성공한 CEO들을 만나고, 어느 때는 세상과 높은 담장을 사이에 두고 격리된 수감자들을 만나기도 한다. 그러나 그들이 들려주는 현재 자신의 모습에 대한 만족 혹은 불만족의 한가운데에는 반드시 그들의 부모가 존재하고 있다. 누군가는 부모가 롤모델이 되어주고, 잘 키워준 덕분에 현재 자신이 소위 사회의 성공한 사람에 속하게 되었다고 말한다. 또 누군가는 그때 부모가 나에게 제대로된 역할만 해주었더라도 지금의 고생은 하지 않았을 거라며 부모를 원망하기도 한다.

분명 부모라는 이름은 내가 죽어서도 후대들을 통해 계속 불리는 것이 맞다. 그렇다고 이것이 자녀가 성장하는 동안 모든 것을 부모의 손 안에서 부모가 결정해줘야 한다는 뜻은 아니다. 부모의 역할 중 가장 어려우면서도 중요한 것이 아마 자녀를 적절한 때에 적절한 방법으로 떠나보내는 것, 바로 심리적 분리와 독립일 것이다. 일반적으로 우리나라에서는 그 시기를 스무 살 성인기로 봤었다. 그러나 최근 현실적으로는 학업과 취업에 대한 문제로 인해 자녀가 학교를 졸업하고, 경제적으로 독립할 수 있는 시기가 늦어짐에 따라 심리적 독립의 때도 정해진 시기를 놓고 판단하기가 어려운 것이 사실이다. 그리고 이러한 심리적 분리는 어느 한순간 떼어내거나 잘라내는 것과는 다르다. 잘 형성된 상호간 애착관계를 토대로 점진적으로 안정적으로 분리되는 것이 중요하다.

"어떻게 들어간 직장인데 고작 1년을 다니고 나올 생각을 해? 나오면 네가 원하는 직장에 바로 취직한다는 보장도 없는데…. 얘가 세상 무서운 줄 몰라요. 그동안 엄마가 해주는 밥, 사주는 옷 입고 다니니 편해 보였지? 어디 나와서 생고생을 해봐야 알지……. 정 그만두고 싶으면 회사를 다니면서 필요한 것들 공부하고, 합격하고 옮겨도 되잖아."

직업만큼은 자신이 원하는 것으로 선택하고 싶은 딸. 그런 딸이 자꾸 중요한 것을 놓치는 것만 같아 엄마는 그저 흔하디흔한 한 마디 '너 잘되라고 하는 소리야'를 하고 만다. 결국 엄마의 잔소리는 다솜 씨의 날카로워진 신경을 건드렸고, 급기야 다솜 씨가 엄마에게 목소리 높여 "아, 좀 그만해! 좀!"이라고 소리를 지르는 것으로 상황은 일단락되어버린다.

엄마는 '그런 결정을 하기까지 속은 얼마나 탔을까? 얼마나 고민하며 속을 끓였을까?'를 먼저 떠올려주지는 못하는 것일까? 엄마가 아니어도 충분히 불안하고 두려운 것은 당사자인 다솜 씨인데 왜 저렇게 쏘아붙여야만 하는 걸까? 힐 수만 있다면 엄마의 말처럼 옮기고 싶은 직장을 먼저 구하고 그만두는 것처럼 완벽한 시나리오는 없을 것이다. 그러나 현실은 그게 아니지 않는가? 매일 야근과 새벽 출근을 일주일에도 몇 번씩 해야만 했던 다솜 씨의 직장생활은 그야말로 전쟁터였다. 공부할 시간은커녕 잠을 잘 시간도 충분하지 않았었다. 그러니 그녀가 회사를 그만두겠다고 결정한 후 엄마로부터 들었던 저 말들은 그저 야속하기만 했을 것이다. 엄마가 그녀를 위해 하는 말들은 그냥 허공에 낱말이 되어 둥둥 떠다닐 뿐, 아무런 위로도 아무런 공감의 말도 되어주질 못했다. 엄마는 누구보다도 그녀를 잘 이해하고, 공감해주는 최고 지원군이라고 생각했던 때도 있었다. 그러나 이렇게 지나치게 자신의 진로 문제나 이성과의 만남에 사사건건 개입하려는 모습을 보면 '정말 내가 행복하기를 바라는 사람이 맞나?' 하는 의심이 들기도 했다고 한다.

대학에서도, 학교를 졸업하고 난 후에도 다솜 씨에게 자유는 허락되지 않았다. 분명히 네 삶이니 네가 알아서 하라고 말하지만 그녀는 알고 있다. 그 말 뒤에는 '네 인생이지만 엄마 인생이기도 해. 혼자 아무렇게 결정하지 마!'의 숨겨진 의도를 품은 말이 있다는 것을.

"분명 내 진로인데 내가 원하는 대로 내 마음껏 선택하기는 어려운 것 같아요. 온 집안 식구들이 저만 쳐다보고 있는 것 같고, 숨이 턱턱 막힐 때도 있어요. 선택해서 아닌 것 같으면 다시 그만두고 새롭게 도전하고, 그 시간 동안 감당해야 할 책임은 내가 지겠다는데 왜 그걸 허락하지 않는 거죠? 분명 성인이 되면 그 자유가 주어질 거라고 했지만 경제적으로 완전히 독립하기 전까지 엄마는 저를 그저 어린아이로 볼 것 같아요."

그녀는 힘들게 퇴사를 결정했을 때 '그동안 고생했다. 더 좋은 일들이 생길 것이다'라는 격려의 말이 너무나도 듣고 싶었다고 했다. 하지만 엄마를 비롯한 가족들의 시선은 오히려 다솜 씨로 하여금 세상에 내 편 하나 없는 상태, 그냥 외딴 섬에 홀로 버려진 그런 불안과 우울감을 불러일으켰다고 했다. 근무 기간은 1년으로 길지 않았지만 대학을 졸업하자마자 취직을 했고, 직장을 다니며 많은 액

수는 아니었지만 동생들에게 용돈을 챙겨주거나, 엄마 아빠에게 근사한 외식을 사주는 딸이었다. 그때마다 엄마의 입에서는 '우리 딸 효녀'라는 말이 너무나 자연스럽게 나왔다는 것이다. 명문 대학은 아니었지만 그녀는 4년 동안 장학금을 놓친 적이 거의 없었고, 틈틈이 아르바이트도 해서 용돈도 스스로 책임졌다고 했다. 그렇게 자신은 최선을 다했고, 늘 성인이 되어서도 자신에게 주어진 인생에 책임지는 사람이었다는 것이다. 엄마가 신뢰하지 못할 만한 일들은 없었다. 그런데 취직과 퇴사 문제에 있어서 엄마의 의견을 거부하고 그녀의 생각대로 결정했을 때 무조건 안 된다는 부정적인 말과 더불어 '왜 이렇게 생각이 짧으냐?', '신중하지 못하다'는 식의 비난을 들어야만 했다고 한다.

다솜 씨의 엄마는 왜 그녀가 선택한 진로를 수용하고, 인정하지 못했던 것일까? 그것은 엄마에게도 심리적 분리불안이 존재하고 있기 때문이다. 우리는 흔히 분리불안은 자녀에게만 나타나는 특징이라고 생각하지만 사실 부모도 자녀의 심리적 독립으로 인한 불안과 두려움을 충분히 경험할 수 있다는 점을 기억할 필요가 있겠다.

엄마와 딸은 동일시되는 한 몸의 사람이 아니다. 더불어 엄마 자신의 이루지 못한 꿈을 딸이 대신 충족시켜줄 수 있는 것도 아니다. 그러나 세상의 엄마들은 그녀들의 딸에 대해 독립된 인격체로 보기

엄마와 딸은 동일시되는 한 몸의 사람이 아니다.
더불어 엄마 자신의 이루지 못한 꿈을 딸이 대신 충족시켜줄 수 있는 것도 아니다.

전에 세상의 위협으로부터 자신이 보호해줘야만 하는, 태어난 지 얼마 되지 않은 아기 때의 딸로 좀 더 강하게, 오래 기억한다. 그래서 독립해서 자신의 문제를 혼자 결정하고 싶어 하는 딸이 걱정되고 불안하여 스스로 선택하고 결정해야 후회 없을 진로 문제에 자꾸만 개입하려 든다. 스무 살이 넘은 딸은 세상의 위협을 이제는 혼자 힘으로 극복하고, 어느 정도 견딜 수 있는 생물학적 나이가 되었다. 더불어 분리 가능한 심리적 나이와 떠나보내야 하는 시기, 그것을 엄마가 받아들이지 못한다면 마치 운동회 때 두 사람의 발목을 끈으로 묶은 뒤 달리기를 하는 것과 같은 모습이 될 것이다. 한 사람이 넘어지면 함께 넘어진다. 넘어지지 않기 위해 그저 조심조심 천천히 걸어야 하며 넓은 보폭으로 빠르게 달리기란 여간 어려운 것이 아니다. 그러니 꽉 조여진 끈의 매듭을 찾아 풀 수 있어야 한다. 한꺼번에 푸는 것이 두렵다면 조금씩 느슨하게 적응의 속도에 맞춰 풀어가는 것도 좋을 것이다.

물론 20년 넘게 심리적 동지로 살았던 두 사람이 서로의 마음으로부터 분리되는 것은 쉽지 않을 것이다. 틈틈이 걱정과 불안이 생각 속으로 침투되어 들어올 것이다. 그럴 때는 독립을 위해서 약간의 불안은 필연적으로 생길 수밖에 없다고 있는 그대로 편하게 받아들이는 것도 하나의 방법이 될 것이다. 더불어 불안한 내면을 단단하게 채워줄 수 있는 효능감을 키워야 한다. '너라면 충분히 할 수 있을 거야', '덕분에 해낼 수 있었어요', '엄마가 있어 참 좋아요', '난 너를 믿어', '최선을 다했잖아', '스스로 하고자 하는 독립심이 강하구나' 등의 격려하는 말들은 개인이 직면한 문제 해결을 위한 능력을 높여주는 '용기'와 더불어 효능감을 키워줄 것이다. 이렇게 우리는 엄마와 딸, 서로의 홀로서기를 천천히 격려하며 준비할 수 있어야만 한다.

불안함 다루기

불안은 불확실성에 대한 반응으로 취약한 자기정체감이 원인이 된다. 또한, 혼자라는 느낌과 소외감 같은 과거의 내적 경험을 통한 불안-회피적 애착 패턴이 기저에 깔려 있을 수도 있다.

예를 들어 비난을 일삼고 분노를 참지 못해 공격적 언행으로 어머니를 학대하던 아버지 밑에서 성장한 딸은 성인이 되어, 거부당하거나 분노 표출의 대상이 되는 것을 두려워하게 되는 경우가 있다. 그리고 점점 소심하고 불안한 사람이 될 수도 있다.

이때 일차적 불안은 미래에 대한 부정적 예측, 불안감을 견뎌내지 못하고 타인을 향해 표출하는 분노, 거부나 비판에 대해 지나치게 민감해지는 등의 이차적 불안을 다시 유발시킨다. 이러한 불안을 다루기 위해서는 '나는 부족해', '나는 할 수 없어', '모든 사람은 나에게 관심이 없을 거야', '난 한 번도 사랑받은 적이 없어'와 같이 오래된 부정적 신념으로 인해 자기를 낮게 평가하는 것을 멈춰야 한다. 이러한 낮은 자기 평가는 지금 그대로의 자신을 인정하기보다는 타인의 시선에 맞춰진 거짓된 자기를 요구하기 때문이다.

이제부터 '모두는 아니지만 친구 누구는 나의 이 모습을 참 좋아하지', '내 마음이 이렇다는 것을 상대도 이해할 거야', '완벽하지 않으면 어때? 이 또한 의미 있으면 되는 거야'와 같이 자신의 현재 모습을 인정하는 것으로 자기감을 높일 수 있어야 한다. 이러한 자기를 이해하고 보듬어주는 자기자비는 주어지는 다양한 상황들에 긍정적으로 적응할 수 있는 잠재력이 충분한 '참 자기(true self)'를 허락할 것이다.

더불어 불안이 항상 나쁜 것만은 아니라는 것을 기억할 필요도 있다. 불안을 민감하게 경험할 수 있을 때 우리는 미래를 계획하고 적절한 행동을 취할 수도 있기 때문이다.

다 큰 딸이
여전히 걱정되고 불안하다

늘 함께 있는 것과 필요할 때 함께 있어주는 것, 둘 중 무엇이 사랑이라고 생각하는가? 우리는 도움이 필요한 사람들을 위해 기부를 하는 경우가 있다. 나 또한 수년 전부터 가족들의 이름으로 몇몇 기관에 소액을 기부하고 있다. 그렇다면 이러한 기부는 언제까지 계속되어야 하는 것일까? 그것은 후원을 받았던 이들이 자립하여 더 이상 후원이 필요하지 않을 때까지일 것이다. 1969년 처음 등장한 '헬리콥터 맘'이라는 말이 있다. 자녀가 성장을 해서 이미 성인이 되었는데도 헬리콥터처럼 자녀 곁을 맴돌며 학교 진학은 물론 취업,

결혼에 이르기까지 자녀의 일거수일투족에 모두 참견하며 과잉보호하는 엄마를 가리키는 말이다.

언젠가 군부대에 집단 상담을 갔을 때 훈육관에게 들었던 말이 기억난다. 일주일에 한 번씩 면회를 오는 엄마가 있다는 것이다. 그 엄마는 군인인 아들의 양말이며 속옷가지들을 모두 빨아주고, 챙겨주고 간다고 한다. 어디 이뿐인가? 새 학기가 시작되면 대학생인 자녀의 수강신청을 대신해주는 엄마들, 취직을 위해 면접 보는 회사의 대기실에 면접자 수만큼 와 있는 엄마들까지 헬리콥터 맘들의 활약은 심심치 않게 기사화되어 세상에 알려지고 있다. 자녀들은 엄마의 보호와 감시 속에서 자신의 삶이지만 스스로가 주체가 되어 살아볼 수 있는 기회를 빼앗겨버린다. 헬리콥터 맘들은 자녀가 실패와 마주치는 것을 견디지 못한다. 그래서 그 상황을 가만히 두고 보지 못하고 직접 해결하는 것으로 어려움에 처한 자녀를 구하려 한다. 엄마들은 그것이 사랑이라고 믿고 있다. 하지만 그것은 사랑이기보다는 통제와 간섭에 가까운 것이다. 발달 심리학자 로버트 하비거스트(Robert Havighurst)는 청소년기에 해결해야 할 과업으로 '부모나 다른 어른으로부터 정서적 독립'을 뽑았다.

부모 자녀 관계에서의 독립이 가능하려면 신뢰가 바탕이 된 사랑이 필요하다. 자녀가 가지고 있는 잠재력을 인정하고 믿어주겠다고

마음으로 하는 약속, 그것이 신뢰인 것이다. 신뢰는 자녀 스스로 동
기화될 수 있도록 돕지만, 신뢰 없는 보호적 사랑의 행동은 독립을
늦추게 한다. 그것은 부모가 자신을 열심히 보살펴준다는 확신이
없으면 자신이 해야 할 역할에 있어서 적절한 역할을 해내지 못하
거나 완전함을 경험할 수 없는 상태로 만들어버리는 의존성을 키울
뿐이다.

여름휴가를 맞아 우리 부부는 평소 딸아이가 좋아하는 물놀이를
하기 위해 워터피아에 갔었다. 대부분의 아이들이 그렇듯 딸아이는
도착 전부터 들떠 있었고, 상기된 기분은 도착하여 워터 슬라이드를
보는 순간 최고조에 이르렀다. 아이는 엄마 아빠와 함께 물놀이를
하고 싶어 했지만 수영을 할 줄 모르는 나에게, 물에서 노는 것은 마
치 피곤한 금요일 저녁에 야근을 해야 하는 것만큼 힘든 일이었다.
결국 나는 온천욕을 하며 아이와 남편을 기다리기로 했다. 그렇게
한참을 아빠와 각종 물놀이 시설을 즐기고 돌아온 아이에게 나는 살
짝 미안한 마음이 들었다. 그리고 무슨 마음이었는지는 모르겠으나
호기롭게 남편의 구명조끼를 빼앗아 입기에 이르렀다. 나의 이런 모
습을 본 아이의 얼굴은 한순간 활짝 핀 접시꽃 마냥 환해졌다.

나는 아이의 손을 잡고 작은 파도풀로 들어가기 시작했다. 아이
는 내가 어린 시절 익사할 뻔했던 경험으로 물공포가 심하고 수영

도 할 줄 모른다는 것을 너무도 잘 알고 있었다. 그래서인지 아이는 물속으로 들어가면서도 중간 중간 나의 얼굴을 바라보며 눈짓으로 내 상태를 확인하고 있었다.

"엄마, 구명조끼 입으면 물에 누구나 떠. 이거 봐!"

직접 자신이 시범을 보이며 물에서도 안전하다는 것을 나에게 설명하고 또 설명했다. 나는 순간 이 귀여운 아이가 마치 나의 보호자인 것만 같다는 생각을 했다. 그렇게 아이 손에 이끌려 한참을 물속으로 들어가다 보니 어느새 나는 나의 발이 바닥에서 떨어져 더 이상 닿지 않는다는 것을 알아차렸다. 순간 나는 중심을 잃었고 말도 안 되게 공포에 질려 허우적거리기 시작했다. 불과 몇 초 만에 일어난 일이었다. 놀란 아이는 나를 진정시키려 애썼다.

"엄마 괜찮아! 물에 뜨니까 안심해! 막 움직이면 안 돼. 엄마!"

나는 그 순간 내가 의지할 수 있는 사람은 9살의 이 작은 여자아이뿐이란 것을 알 수 있었다. 나는 아이가 시키는 대로 얌전히 따랐다. 아이는 나의 양손을 잡고 점점 얕은 물속으로 빠져나가고 있었다. 순간 나의 발이 바닥에 닿았고 그때서야 나는 정신을 차릴 수 있었다.

"하윤아, 엄마 발이 이제 바닥에 닿아. 이제 괜찮아!"

나의 이 말을 들은 아이는 그때 자신이 얼마나 놀랐는지 그리고 힘들었는지를 말하기 시작했다.

"엄마가 나를 잡아당겨서 나도 죽는 줄 알았다고."

그렇게 말하는 딸아이가 애처롭기도 했고 대견하기도 했다. 딸의 손에 이끌려 물 밖으로 나온 후에도 나는 한참동안 바닥에 주저앉아 숨을 몰아 쉰 후에야 다시 일어날 수 있었다. 나는 아이를 키우며 9살밖에 안된 이 아이에게 내가 의지할 수도 있다는 생각을 해본 적이 없었다. 하지만 이때의 경험을 통해 살아가며 언제든 보호자는 바뀔 수도 있다는 것을 깨닫게 되었다.

도움이 필요한 때와 더 이상 도움이 필요하지 않게 되는 때, 그것은 내 힘으로 해결할 수 없는 문제에 부딪혔을 때이거나 반대로 누군가가 스스로의 힘으로 이제는 일어날 수 있다고 판단할 때일 것이다. 이것은 마치 내가 기부를 통해 돕고 있는 '후원' 같은 것이다. 후원을 끊는 순간은 그동안 후원의 대상자였던 이가 더 이상은 후원자의 도움 없이도 스스로 문제를 해결할 수 있게 되었다는 것을 의미한다.

어린 시절, 우리집 마루의 한쪽 벽에는 괘종시계가 걸려 있었다. 그것은 태엽을 감아주는 시계였다. 한 번 태엽을 감아주고 나면 그 뒤 시침, 초침 바늘을 움직이는 것은 시계의 몫이었다. 부모는 심리적 안정감을 통해 세상을 탐색하는 안전기저(secure base)이자 안내자의 역할을 하는 것이지, 대신 길을 걸어주는 사람이 결코 아니다. 때때로 시계가 멈춘 것은 아닌지 관심 가져주고, 필요할 때 태엽을 감아줘야만 한다. 그러니 늘 함께하기보다는 원할 때 함께할 수 있는 사람이 있다는 든든한 버팀목이 되어주면 되는 것이다. 그것이 엄마가 딸에게 보여줘야 하는 신뢰가 바탕이 된 사랑의 모습인 것이다.

엄마 눈에는 여전히 딸의 모습이 불안하기만 하다. 마치 물가에 내놓은 아이처럼 말이다. 하지만 딸은 엄마의 생각과는 다르게 오히려 높고 무섭게만 보이는 저 파도가 놀이터처럼 마냥 즐거울 수 있을지도 모를 일이다. 엄마의 후원이 더 이상 필요하지 않다는 것은 슬프거나 속상한 것이 아니라, 감사하고 기쁘며 격려해야 하는 일인 것이다. 엄마를 거부하는 딸의 손을 이제는 감사한 마음으로 놓아줄 수 있어야 한다. 사랑이라는 이름으로 행해지는 과잉보호는 결국 엄마 뜻대로 원하는 방향으로 자녀가 행동하게끔 하는 통제를 불러오기 마련이다. 누군가의 통제 속에서 성장한 사람은 삶을 개척할 수 있는 용기와 잠재 능력을 박탈당하게 된다.

'진정한 후원은 더 이상 후원이 필요 없게, 후원을 끊을 수 있도록 돕는 것이다.'

정신적 성장을 돕는 '사랑'

미국의 정신과 의사 스캇 펙(Scott Peck)은 그의 저서 <아직도 가야 할 길>에서 '사랑'에 대해 자기 자신이나 타인의 정신적 성장을 도와줄 목적으로 자기 자신의 경계를 확대시켜 나가려는 의지라고 정의한다. 나는 여기에서의 경계를 나와 타인의 성장에 미치는 선한 영향력이라고 해석하고 싶다. 사랑이 무조건적으로 상대에게 주는 것을 의미하지 않으며 신중한 판단의 과정을 거쳐 칭찬하고, 성장을 바라는 진실한 마음이 충분히 깃든 상태의 비판이라는 것이다. 결국 상대방이 듣기 좋은 말과 행동만으로 편안하게 해주는 것만이 사랑이 아니라, 이와 더불어 지각 있게 논쟁, 투쟁하고, 맞서며 몰아내고 밀고 당기는 것이라고 강조한다. 그것은 훈육을 필요로 하는 관계이기도 하고, 자녀를 항상 무조건적인 과잉보호로 대하는 것이 아니라 올바른 지각을 바탕으로 훈육하는 것이다. 또한, 그것을 통해 자녀가 성장할 수 있도록 돕는 것이 진정한 사랑이라고 그는 말한다.

그리고 이러한 사랑은 사랑하려는 욕구 자체를 뜻하는 것이 아니라 반드시 행위로 표현되는 만큼만 인정되는 것이라고 설명한다. 결국 사랑은 의지의 행동이라는 것이다. 마음으로만 품은 격려와 응원, 돕고자 하는 마음의 연민은 완성되지 못한 사랑이며, 완성된 사랑은 선한 영향력의 행위로써 반드시 그 마음의 의지를 실천해야만 한다는 것이다. 그래서 누구라도 성숙한 사랑을 하기 위해서는 훈련의 시간이 필요할 수밖에 없다.

'너-전달법' 대신 '나-전달법'

성인이 된다는 것은 몸과 마음이 부모로부터 독립과 의존의 적절한 조화 속에 위치한다는 것을 말합니다. 유아기, 아동기의 자녀와 엄마 관계에서 돌봄의 측면이 중요하다면 20대 성인이 된 미혼의 딸과 중년기의 엄마 관계에서는 무엇보다 '독립성'과 '자율성'이 강조되는 시기인 것이죠. 하지만 어찌된 것인지 우리나라의 부모 자녀 관계에 있어서는 가족 간의 정서적 유대와 융합이 독립성보다 우선시되고 있고, 이것은 20대 성인 초기 다양한 사회적 경험과 타인과의 관계형성에 중요한 영향을 미치고 있습니다.

특히, 친밀한 관계의 모녀일수록 그 관계에서 형성되는 상호 정서적 공감과 이해, 수용이 심리적 적응과 개인의 행동 지각에 긍정적으로 작용한다는 것이죠. 또한, 분명한 것은 세련된 감정 처리 방식이 두 사람 사이에 반드시 필요하다는 점입니다. 모른 척 숨기거나 극단적으로 표출하는 것이 아니라 적절한 방법으로 표현할 수 있어야만 합니다. 예를 들어, 서로를 위한 진술하지 못한 배려는 감정을 억제하게 하고, 마치 두 사람 사이에서 일어난 갈등과 문제가 여전히 미해결 과제로 남아 있음에도 불구하고 심리적으로 해결되었다는 착각을 불러일으키기도 하죠.

자녀의 입장에서는 부모에 대한 비판, 비난, 불만, 불평을 겉으로 표현하지 않았더라도 속으로 생각하고, 떠올린 것만으로 죄의식을 크게 느끼는 경우가 있습니다. 그래서 자신의 감정을 느끼기도 전에 억압하여 눌러버리는 것이죠. 그때 해결하지 못한 감정들은 다시 이후에 엄마나 부모와의 대화를 피하거나, 요구 사항에 대해 반응하지 않거나 하는 방식의 수동적 공격 형태로 이어질 수 있습니다. 그래서 사실 우리가 지금까지 해보지 못했지만 꼭 필요한 진짜 엄마와 딸이 되는 연습을 해야만 합니다. 서로가 공유된 이해를 바탕으로 서로의 관심과 정서적 요구에 민감하게 반응하는 상호적인 과정을 통해 안녕과 발전에 도움을 줄 수 있는 이상적 관계가 될 수 있어야 합니다.

'우리'라는 강한 동질성 추구로 자녀와 부모 사이에 심리적 독립성의 경계가 모호해지고, 이것은 가족과 사회로부터 거부당하지 않고, 용납받기를 바라는 특유의 집단주의 문화에 뿌리를 두고 있다고 할 수도 있을 것입니다. 그래서 저는 여러분께 억압된 마음의 빗장 풀기인 '자기 표현 하기'의 방법으로 잘 알려진 〈나-전달법〉을 추천하려고 합니다. 우리가 흔히 대화라고 칭하는 언어적 의사소통은 감정의 부정적인 측면을 최소화하는 것입니다. 그 기본적인 원칙 중 하나가 '너-전달법' 대신 '나-전달법'을 사용하는 것인데요. 비난하기, 불평하기 대신 상대방의 특정한 행동이 나에게 유발시킨 감정만을 단순하게 전달하는 것입니다.

만약 나를 불쾌하게 만들었던 상대방의 행동을 말하며, 엄마가 나에게 "도대체 생각이 있는 애냐? 신중하지 못하다"라고 말을 하면, 그 행동의 결과에 대한 나의 감정을 말해줘야 합니다. "지켜봐주지 않고 비난하니 가슴이 너무 답답하기도 하고, 엄마에게 서운하기도 해"와 같이 말이죠. 그리고 마지막으로 나에게 미친 결과를 말합니다.

"나도 잘해보려는 건데…. 정말 내가 아무 능력도 없는 사람인 것 같고, 영영 이렇게 취직도 못하고 멈출 것 같아서 자꾸 불안해서 공부에 집중도 안 돼."

혹시 이때 상대방이 충분히 나의 의도와 대화의 핵심을 이해하고 있다면, 반대로 상대방의 감정과 행동을 공감해주는 것까지 진행할 수 있다면 매우 훌륭하다고 할 수 있을 것입니다. 사실 대부분의 사람들은 다툼과 갈등의 상황이 오면 그것이 관계를 위협한다고 생각해 피하려 들죠. 그런데 그렇지 않습니다. 오히려 다툼은 친밀한 관계에 대한 위협이기보다는 기회일 수도 있다는 점을 꼭 기억해야 합니다. 그래야 우리는 좀 더 용기 있게 표현할 수 있기 때문입니다.

우리 모녀는
서로를 어떻게 바라보고 있을까?

　당신은 자신과 어머니(혹은 딸)와의 관계를 어떻게 지각하고 있는가? 우정, 사랑, 포근함, 따뜻함에 가까운가? 차가움, 무관심, 두려움, 원망에 가까운가? 바루크(Baruch)와 바넷(Barnett)의 연구 결과에 따르면 모녀관계를 긍정적으로 지각하는 여성일수록 인생을 대하는 태도에 있어 기쁨과 우월감, 가치감을 더 많이 느끼는 것으로 밝혀졌다. 특히, 어머니와의 관계를 사랑스럽게 지각할수록 딸이 갖게 되는 자아존중감과 역할만족도 높아진다고 한다.

　이것은 남성과는 다르게 여성들이 강하게 가지고 있는 심리적 특성이 반영된 결과일 것이다. 보통 인간발달에 있어서 성인기 최고의 발달과업으로 '독립심', '자율성'을 이야기하지만 이것은 남성 중심적인 맥락이며, 여성 심리에 있어서는 타인과의 독립과 분리보다는 관계 안에서 독립과 자율을 추구하는 관계적 특성이 더욱 중요하다는 점에 주목한 것이다. 이렇듯 여성이 남성에 비해 높게 가지고 있는 관계성은 개인의 자아존중감을 지각하는 것에도 많은 영향을 미치는 것으로 드러났다. 자아존중감이 높은 사람은 자기실현과 사랑, 경험에 대한 개방성을 갖추고 있다. 어찌 보면 우리가 인생을 살아가는 동기에 있어 가장 중요한 기본 베이스가 되어주는 것이 자아존중감이기 때문에 이것은 매우 중요하다 할 수 있다.

손(Thorne)과 미쉘리외(Michaelieu)는 청소년기에서 초기 성인기까지 84명을 대상으로 23세에 측정된 중요한 기억과 14세, 18세, 23세에 측정한 자아존중감과의 관계에 대해 종단 연구를 했다. 청소년기에 높은 자아존중감을 나타내는 여성은 친구를 도와준다거나 주로 타인의 감정을 읽고 그것에 적절히 반응했던 기억들과 연관이 많았지만, 남성은 자기주장적이고 자신을 대표하는 기억들과 관련이 많았다. 이러한 연구들을 통해 여성은 관계적 특성으로 인해 타인 중심적 사고, 타인의 감정을 알아차리고 도움을 줬던 정서적 지원, 상호작용을 통해 자신의 가치감을 찾는다는 것을 알 수 있게 되었다. 특히, 어머니와의 지속적인 의사소통의 과정에서 충분히 공감적 경험을 하는 정도에 따라 관계적 능력도 발달된다고 한다. 그러니 서로에 대한 지속적인 관심과 우호적이면서도 공감적으로 반응해주는 것이 무엇보다 중요해진 것이다.

대학 졸업을 앞둔 예은 씨는 요즘 엄마를 따라다니며 일을 배우고 있다고 했다. 그녀의 엄마는 다양한 기업에서 교육 매뉴얼을 만들고, 진단하는 일을 하는 컨설팅 회사의 CEO라고 했다. 예은 씨가 그동안 알고 있었던 엄마는 편한 고무줄 바지를 입고, 하루에 무려 세 종류의 김치도 거뜬히 담그는 종갓집의 며느리이자 그저 평범한 가정주부라고 했다. 하지만 최근 엄마와 함께 다니며 일터에서 본 엄마의 모습은 상상 그 이상이었다고 한다. 엄마를 도와 일하는 직원들에게 강한 어조로 업무 지시를 내리는가 하면 때때로 농담도 섞어가며 회의 분위기를 주도해 나갔고 그런 엄마의 모습에서 그녀는 영화 〈악마는 프라다를 입는다〉에서 봤던 메릴 스트립을 떠올리기도 했다는 것이다.

그때 엄마의 모습은 그동안 예은 씨가 동경했던 커리어 우먼의 모습 그 자체였다고 했다. 순간 엄마가 대단하다는 생각을 했고, 존경스럽기까지 했다는 말을 하며 예은 씨는 들뜬 마음을 감추지 못하고 있었다. 이러한 예은 씨의 태도는 앞서 언급한 서로에 대한 지속적인 관심이고 우호적이면서도 공감적 반응이 반영된 것이라 할 수 있겠다.

그러고 보니 나에게도 비슷한 경험이 있었던 것 같다. 작년 겨울 내가 쓴 세 번째 책이 나오고, 라디오 방송에 게스트로 활동하고 있을 때 일어난 일이다. 어느 날 딸아이가 할머니 휴대폰으로 무엇인가를 열중해서 보고 있었다. 나는 무얼 하는 것인지 물어봤다. 그런데 아이의 대답이 나를 조금 당황스럽게 만들었었다. 글쎄 스마트폰의 인터넷 검색창에 들어가 '손정연'을 검색하고 있는 것이 아닌가. 아이는 엄마가 TV에 출연하는 연예인만큼 유명한 사람인 줄 알았던 것 같다. 물론 메인 뉴스까지는 아니어도 내 이름도 꽤 다양하게 검색이 되긴 했을 텐데도, 나는 티 나지 않게 당황한 가슴을 쓸어 내려야만 했다. 그러면서 한편으로는 유명한 연예인만큼은 되지 못한 것 같아서 조금은 미안한 마음을 갖고 있는 내 스스로가 우습다는 생각도 잠시 했었다. 그래도 엄마의 이름이 몇 개라도 검색되자 얼굴에 상기된 표정을 감추지 못했던 딸에게 나는 우스갯소리로 "엄마가 더 열심히 잘해서 '아이유'만큼 유명해질게. 조금만 기다려 줘"라고 말했다.

딸의 경우 자신의 어머니를 유능하게 지각하면 할수록 자신에 대해서도 유능한 사람으로 비슷하게 지각할 가능성이 높다고 한다.

서로에 대한 지속적인 관심과
우호적이면서도 공감적으로 반응해주는 것이 무엇보다도 중요하다.

직장 맘을 둔 딸들은 오랜 시간 '도대체 우리 엄마는 뭘 하는 사람이기에 나를 이렇게 항상 혼자 두는 것일까?' 하고 생각한다. 반대로 엄마가 전업 주부인 딸들은 집안일만 하는 엄마가 그저 무능력해 보이고 그런 엄마의 모습을 통해 만들어진 여성상에 대해서조차도 부정적 이미지를 갖게 되기도 한다. 그런 면에서 예은 씨의 모녀 관계는 건강한 상호성을 갖추고 있다고 설명할 수 있을 것이다.

"제가 어렸을 때도 엄마는 일을 하고 계셨기 때문에 다른 친구들의 엄마처럼 학교 행사에 자주 오지 못했어요. 그때는 그런 엄마가 밉기도 했고, 참 많이 속상했던 것 같아요. 그런데 이상하게 가끔이지만 그 당시 엄마가 학교에 오면 뭔가 어깨가 으쓱했던 거 같기는 해요. 항상 예쁘게 정장을 차려 입고 왔었는데 그 모습이 어린 제 눈에도 예뻐 보였거든요. 그리고 엄마가 애쓰고 있다는 것은 알겠더라고요. 엄마는 늦게라도 학교 행사에 오려고 하셨어요. 거의 끝날 때쯤 도착하는 날도 있었는데 미안하다며 대신 그 이후 시간은 함께 분식도 먹고, 친구 엄마가 촬영해준 내 발표 영상을 같이 보기도 하고, 엄마에게 주어진 상황에서는 최선을 다하시려 애쓴 것 같아요. 사실 지금 엄마가 하시는 일에 제 의견이 큰 도움은 안 될 거예요. 그런데 엄마는 꼭 저에게 '네가 우리 중에는 제일 젊은 나이이고, 진짜 고객의 입장이니 네가 느낀 대로 말해줘 봐'라면서 제 의견을 묻고 반영하려고 노력하세요. 나도 엄마처럼 멋진 커리어 우먼이 되고 싶다는 생각을 요즘 많이 하는 것 같아요."

그래서일까? 예은 씨가 어렸을 땐 '일'이 엄마를 가로챈 것 같아 싫었는데 지금 엄마를 따라다니며 간접적으로 엄마가 하는 일을 접하다 보니 꽤 재미있는 일이기도 하고, 누군가에게는 도움이 되는 가치 있는 일이라는 것을 알게 되었다고 했다. 이러한 표상이 예은 씨로 하여금 엄마에 대해 긍정적 해석을 가능하게 하는 요인들로 작용했을 것이다.

예은 씨는 자신과 엄마의 관계를 '친구 같은 모녀'로 지각하고 있었다. 이것은 예은 씨와 엄마 사이 관계에서 축적된 상호성의 결과라고 말할 수 있을 것이다. 상호성은 구체적으로 어머니의 돌봄과 사랑에 대한 자녀의 반응에 해당하는 상호의존과 타인의 정서적 욕구를 알아차리고 반응하는 공감, 돌봄, 신뢰의 개념으로 이해할 수 있을 것이다. 또한, 아들과 다르게 여자라는 동일성에서 오는 동질감은 어머니로 하여금 딸을 자신과 분리된 존재로 인식하기보다는 자신의 연장 또는 확장으로 인식하게 했을 뿐만 아니라 지속적인 유대 관계를 가능하게 했을 것이다.

실제 대상관계이론에서 인간성숙의 과정은 절대적 의존으로부터 성숙한 의존으로 발달해가는 과정으로 보고 있다. 안아주고, 쓰다듬어주고, 격려해주고, 신뢰해주는 등의 관계적 특성이 개인의 자존감, 성취감, 자율성에 긍정적 영향을 미친다고 했다. 즉, 관계성을 곧 성숙의 척도로 본 것이다. 그러니 남성에 비해 관계적인 여성들은 오히려 상호 보완적이고 서로의 힘이 될 수 있을 때 여자들 특유의 결속력이 발휘된다. 그리고 이것은 여성의 개별화와 독립성을 저해하는 것이 아니라 오히려 여성의 의존성을 극복하고 자존감을 향상시키는 중요한 요인이라 볼 수 있을 것이다. 그러니 억지로 분리시키는 것만이 자녀의 독립심과 자존감을 키울 수 있는 답이 아니라, 긍정적인 모녀 관계 속 정서적 유대를 통해 자아감을 발달시킬 수 있도록 돕는 것이 중요하다고 할 수 있겠다.

이번 기회에 우리의 모녀관계는 어떤 지각을 가지고 있는지 서로에게 확인해보는 것도 좋을 거라는 생각을 한다. 그 지각이 긍정적이라면 다행이지만 서로가 가지고 있는 지각이 혹시라도 부정적이라면 우리는 새로운 표상을 만들어가야 할 것이다. 직장 맘으로서 항상 부족함과 미안함이 많았다며 예은 씨 엄마가 보여줬던 방법처럼 엄마가 하고 있는 일들을 직접 볼 수 있도록 하는 것도 좋겠다. 혹시라도 우리에게 어긋난 표상이 있었다면 지금이라도 바로 잡아주는 것으로 엄마와 딸, 두 사람의 관계에 대한 긍정적 지각을 다시 만들어볼 필요가 있을 것이다.

대상관계 속 '자기표상'과 '대상표상'

대상관계는 자신에 대한 자기표상(Self-representation), 타인에 대한 대상표상(object-representation) 및 이 둘을 연결짓는 정서상태로 구성된다. 여기에서 표상이란 개인이 자신과 대상의 관계 맺기 과정에서 느낀 정서에 대해 주관적으로 지각하고 경험한 것을 토대로 만들어진 정신적 이미지를 의미한다. 특히, 유아는 주 양육자인 어머니의 양육 태도에 대해 긍정적 또는 부정적 경험을 모두 하게 되는데, 이때 주로 일관되게 느껴지는 어머니의 태도를 자신의 인격체에 내면화시키게 된다. 이것은 긍정 또는 부정의 자기표상 및 대상표상을 형성하게 하고, 이러한 내재적 표상들은 단순한 사고가 아니라 인지와 정서의 복합체로서 생각, 느낌, 행동을 불러일으키는 근원이 되기도 한다. 쉽게 개인이 대인관계에 있어서 자신과 타인을 평가하고 해석하는 심리적 자세, 기준의 역할을 한다고 설명할 수 있을 것이다.

예를 들어 워킹맘인 엄마가 딸이 자라는 동안 부모로서 처리해줘야 하는 기능적 역할은 수행했으나 정서적 반응이 부족했거나 직장 밖에서 개인적 인간관계를 만들지 않았고, '불필요한 인간관계는 미련없이 정리해야 해'라는 말을 자주 했다고 가정해보자. 딸은 관계형성과 유지에 있어 냉담하거나 피상적 관계를 이상적으로 추구할 수도 있다는 것이다.

결국 한 개인이 타인과 바람직한 관계 형성이 가능하기 위해서는 삶의 초기 부모로부터 긍정적 평가와 피드백의 정서적 경험이 있어야 하며, 이러한 관계 경험이 자녀로 하여금 자기존중감과 자기가치를 긍정적으로 평가하는 심리적 자세를 갖추는 데 큰 영향을 줄 것이다.

친구 같은 모녀관계가
존재할까

    1980년대 유명했던 표어 '잘 키운 딸 하나, 열 아들 안 부럽다!' 이는 아들 선호 사상이 팽배하던 때 아들 딸 구분 말고 적게 낳자는 계몽적 표어였다. 딸에 대한 생각만큼 어머니상도 이제는 달라졌다. 더 이상 시대는 어머니들로 하여금 희생하며 타인을 위해서만 살아가라고 주문하지 않는다. 이제 막 20대가 된 성인의 딸을 둔 40대, 50대 요즘 엄마들은 스스로를 친구 같은 엄마라고 소개한다. 딸을 위해 최고의 멘토가 되어줄 것을 다짐하기도 한다.

    수미 씨는 26살에 딸을 낳았다고 했다. 지금 그 딸이 벌써 22살이 되었다면서 딸을 보면 자신도 이제 늙었다는 생각이 문득 든다고 했다. 40대 후반이 된 직장 맘 수미 씨는 자신과 딸의 관계를 '서로 배우는 모녀'라고 소개했다. 지금은 고인이 된 친정엄마가 자신에게 그랬듯이 수미 씨 또한 딸에게 언제나 친구처럼 의지할 수 있고, 동시에 어른과 인생의 선배로서 길을 안내하는 멘토 같은 엄마이고 싶다고 했다. 딸을 임신했을 때 수미 씨는 임신한 줄도 모르고 스키를 타다 스키장에서 넘어져 구르기도 했다고 한다. 그런데도 문제없이 건강하게 태어난 딸을 보며 들었던 생각은 '어머, 나처럼 얘도 독립심이 강하려나 봐'였다고 했다. 딸이 태어났지만 수미 씨는 아직 어린 나이였고, 육아에 대해서는 아무것도 모르는 진짜 초보 엄마였다. 그녀는 명문대를 나왔고 우리나라 최고의 기업에서 근무를 했다. 굳이 인생을 우등생과 열등생으로 이등분한다면 자신은 우등생에 가까운 날들을 보냈다는 것이다. 하지만 육아에서만큼은 그녀를 절대 우등반으로 허락하지 않았다고 했다. 자신에게 어쩌면 유일하게 실패의 쓴 맛을 느끼게 해준 것이 육아였다고 했다. 육아의 높은 산을 넘을 때마다 그녀는 '엄마라면 어땠을까?' 하고 생각했고, 자신의 엄마에게서 힌트를 얻었다고 했다.

"외할머니는 외할아버지와 사별 후 재혼을 하셨고, 엄마는 어렸을 적에 큰 집에 얹혀살았다고 했어요. 결혼을 하면 엄마의 삶이 편해질 거라 생각했는데 아빠는 사실 가정에 그리 충실한 분은 아니셨어요. 엄마가 50대 중반까지 일을 했던 것으로 기억해요. 엄마는 강한 분이셨어요. 저희 삼남매에게 감성적으로 마음을 읽어주는 부드러운 분은 아니셨지만 '넌 할 수 있어', '이거 해봐라' 식으로 새로운 것들을 도전할 수 있도록 자극과 용기를 주셨던 것 같아요. 지금도 기억나는 것이 초등학교 때 학교에서 어린이 기자단을 뽑았는데 대부분 괜찮은 집 자녀들만이 들어갈 수 있었어요. 저희 집은 부유하지도 부모님이 유명하신 분들도 아니었는데, 어느 날 엄마가 빨간 내의를 한 벌 사서 학교로 오셨어요. 곧장 교장 선생님께 가시더니 선물로 그것을 내놓으시며 우리 딸 어린이 기자 시켜달라고 부탁을 하시더라고요.

풍요롭지 않았지만 엄마는 항상 당찼고, 절대 남들 앞에서 위축되지 않았어요. 물론 자신의 처지를 비관하면서 포기하거나 지치는 내색을 보인 적도 없으셨고요. 그런 강하면서도 저돌적인 면들을 제가 닮은 것 같아요. 그리고 저는 이런 제 모습이 참 좋았기 때문에 똑같이 딸에게 이런 독립심을 전해주고 싶고, 저희 엄마가 그랬던 것처럼 독립적으로 키우려고 노력하고 있어요."

딸이 가지고 있는 자기실현의 가능성을 믿어주는 것,
그것이 엄마에게 주어진 몫이다.

수미 씨는 딸이 초등학교 4학년 때부터 아빠를 도와 아이스크림 가게에서 계산원 역할을 해보게 한다거나 여러 아르바이트를 경험하게 했다고 한다. 그녀는 자신이 어린 시절 듣기 싫었던 유일한 말이 '~하지 마'였다고 말했다. 자신은 하얀 운동화를 신고 싶은데 어른들은 하얀 운동화를 신으면 금방 더러워진다며 하얀 운동화를 신어보기도 전에 포기시켜버렸다는 것이다. 그래서 딸에게는 '하지 마'보다는 '해봐'로 직접 경험하게 하고, 문제에 부딪히더라도 스스로 해결할 수 있도록 지켜본다고 한다. 수미 씨는 남들이 하지 않았던 것들을 도전하며 즐겁게 살고 싶다고 한다. 그리고 딸에게 그런 삶의 이치를 가르쳐주고 싶다고 했다.

　엄마들이 딸에게 듣고 싶은 말 중 하나가 친구 같은 엄마라고 한다. 친구의 사전적 의미는 가깝게 오래 사귄 사람, 서로 속을 터놓고 지내는 친한 사이를 뜻한다. '엄마와 딸' 이보다 더 좋은 친구가 있을 수 있을까? 그럼에도 불구하고 많은 사람들은 엄마와 딸이 친구가 되는 것은 어렵다고 말한다. 대개의 엄마는 딸에게서 자신의 삶에서 실현되지 못하고, 놓쳤던 많은 것들을 대신 충족하고 싶어 한다. 그 기대와 욕구가 딸에게는 늘 버겁고, 벗어나고 싶은 멍에가 되어 구속하고 있다. 우리는 친구들에게 가끔 내가 힘든 것에 대해 또는 고민에 대해 말을 하게 된다. 오래된 당신의 좋은 벗들은 말할 것이다.

"힘들면 하지 마. 뭐라 해도 네가 편한 게 답이야."

"누가 뭐라 해도 네 인생인데 네가 행복한 것으로 선택해."

하지만 동일한 고민을 엄마에게 말한다면 엄마는 훈수를 둘 것이다. 누구나 가야 하는 정답의 길을 엄마는 딸에게 요구할 것이다. 그것을 알기에 딸은 엄마에게 말하지 않는다. 그러니 엄마와 딸은 가장 오래된 가까운 사람임에도 불구하고 친구가 될 수 없었던 것이다.

상담이론 중 인간의 자기실현 가능성 즉, 잠재력을 중시하는 인간중심 상담이 있다. 이 이론의 창시자인 칼 로저스(Carl Rogers)는 상담자가 갖춰야 하는 태도로 세 가지 요소를 강조했다. 첫째, 내담자와의 관계에서 매순간 치료자 스스로 자신의 감정과 태도에 진정성, 진솔성, 일치성을 갖는 것이다. 둘째, 내담자가 어떤 모습을 보이던지 그것에 대해 편견 없이 무조건적이고 긍정적이며 수용적인 태도를 갖는 것이다. 셋째, 개방적인 태도로 내담자의 이야기에 충분히 공감하며 경청하는 것이다.

딸이 가지고 있는 자기실현의 가능성을 믿어주는 것, 그것이 엄마에게 주어진 몫이다. 이것은 상담을 전문으로 하는 사람에게만 요구되는 태도는 아닐 것이다. 때로는 자녀에게 있어 엄마는 이 세상 누구보다 최고의 상담자가 되어줄 수 있기 때문이다. 수미 씨는 딸이 앞으로 사회에 나오면 많은 어려움이 있을 테지만, 실패나 상처를 두려워하지 말았으면 좋겠다고 했다. 도전하고, 주눅 들지 말고 소신 있게 갔으면 한다고 말했다. 그녀의 말에서 나는 수미 씨가 얼마나 확고히 딸의 가능성을 믿고 있는지 감히 짐작할 수 있었다.

난 여행을 가면 한적한 카페나 벤치에 앉아 지나가는 사람들을 관찰하는 취미가 있다. 그때마다 느끼는 독특한 점은 지나가는 사람들의 무리가 남녀 커플을 제외하면 여자들끼리 모인 사람들이 남자들끼리 온 사람들보다 월등히 많다는 점이다. 그중 엄마와 딸의 관계도 어렵지 않게 찾아볼 수 있다. 그도 그럴 것이 같은 여자이기에 엄마와 딸은 함께 쇼핑을 하거나 공연을 보고, 맛집을 찾아다니는 등 함께 할 수 있는 활동들이 다른 가족 관계에 비해 많다. 특히, 성인이 된 딸과 엄마는 여성들의 공통된 관심사인 외모와 관련된 화장품, 의류, 헤어스타일에 대해 함께 고민하고, 공유하는 것들을 통해 더욱 정서적 유대감을 높일 수 있다는 이점을 가지고 있다.

이러한 여성들 특유의 관계성은 수미 씨가 말한 친구 같은 모녀 관계를 충분히 가능하게 해주는 것들이다. 그냥 물리적 시공간을 함께 한 기억이 길다고 해서 친구 같은 모녀 관계가 완성되는 것은 아니다. 편견 없는 태도로 서로의 성장을 응원하고 지켜봐주는 것, 그것이 이 시대에 요구되는 친구 같은 모녀 관계가 아닐까?

공감적 이해

칼 로저스(Carl Rogers)에 의하면 '공감적'이라는 것 또는 '공감의 상태'라는 것은 "다른 사람의 내적인 기준의 틀, 그리고 거기에 관련된 감정적인 요소와 의미를 마치 자신이 그 사람인 것처럼 정확하게 지각하는 것"이라고 진술한다. 내가 직접 경험하지는 않았지만 마치 경험한 것처럼 정확히 이해하고 알아차리는 경지를 뜻하는 것이다. 물론 100퍼센트 완벽하게 공감하는 것은 어려울 것이다. 그럼에도 불구하고 나의 관점이 아니라 상대의 관점에서 그 사람이 생각하고 느끼는 내면적 경험을 이해하려고 노력하는 것이 중요하다.

이러한 공감적 이해는 상대로부터 자신이 이해받고 수용된다는 느낌을 지니게 할 뿐만 아니라 심리적으로 서로 연결되어 있다는 유대감을 느낄 수 있게 해준다. 이것은 스스로 자신의 실현 경향성을 발현할 수 있는 조건을 제공하고, 성장을 위해 이미 지니고 있는 잠재력이 싹을 틔울 수 있도록 물을 주는 행위 같은 것이라 할 수 있겠다.

마지막으로 중요한 것 중 하나는 진정한 공감을 위해서는 인간은 스스로 긍정적 변화를 위한 내면적 동기와 잠재력을 지닌 존재임을 믿고, 받아들일 수 있는 '긍정적이고, 수용적인 태도'가 전제되어야 한다는 점이다.

이제 성인의 길을 처음 걷기 시작한 딸에게 필요한 것은 묵묵히 지켜봐주는 엄마일 것이다. 그러니 당분간 엄마에게 필요한 것은 그저 '공감의 스위치'를 켜 놓는 일이다.

자신만의
경계를 만들 수 있도록

저는 심리상담을 공부하며 많은 내담자들의 사례를 접하게 되었습니다. 해결하고 싶은 문제의 색깔은 모두 다르지만 엉킨 실타래의 매듭을 풀어가다 보면 반드시 다루어줘야만 하는 이야기가 등장합니다. 그것은 '부모'와 관계된 것들이었습니다. 너무 엄했거나 사랑을 표현해주지 않은 것이 문제가 된 경우, 반대로 너무 귀하게 여겨 모든 것을 부모가 해결해줌으로써 분리와 독립을 방해한 경우들이 있었습니다. 특히 여러 관계 속 엄마와 딸을 묶은 실은 다른 관계들에 비해 더욱 단단하고, 마치 끈적이는 물질이 도포된 것처럼 복잡한 정서들로 엉켜 있었습니다. '엄마니까' 또는 '딸이니까'만으로는 변명할 수 없는 양가적 감정들이었죠. 가정을 떠나 더 큰 사회로 진출하는 20대 딸을 위해 엄마는 과연 어떤 경계(boundary)를 만들어줬는지 다시금 생각해보셨으면 해요.

　최근 방송되었던 프로그램 중 연령대와 성별이 다른 네 명의 배우가 해외의 작은 섬에서 한식당을 오픈해보는 예능이 있었습니다. 난생 처음 판매를 목적으로 요리를 하고 식당을 운영하는 것에 배우들은 당황하기도 했지만, 이내 각자 맡은 역할을 잘 해내기 위해 서로 애쓰는 모습이 그려지더군요. 식당을 오픈한 첫날 장사를 그럭저럭 잘 끝내고 어느 정도 안정을 찾는 듯했습니다. 그런데 다음 날 아침 제작진으로부터 청천벽력 같은 소식을 듣게 됩니다. 바로 이들이 장사를 했던 식당이 해변 조성 사업 때문에 그날 아침 바로 철거된다는 내용이었습니다. 멤버들은 소위 요즘 말로 멘붕(멘탈 붕괴)이 옵니다. 제작진은 급하게 두 번째 식당을 섭외하지만 그곳은 오랫동안 사용하지 않은 폐가 같은 곳이었습니다. 저는 이때 한 멤버의 적응력에 놀랐습니다. 식당 서빙과 운영을 담당했던 남자 배우는 제작진을 향해 그들이 운영해야 하는 이 식당의 주변 상권으로는 어떤 것들이 있는지를 묻습니다. 제작진은 그에게 이곳 주변에는 숙박 시설밖에는 없다고 대답해주죠. 놀라운 것이 배우의 그 다음 질문이었습니다.

"리조트 예약률이 어느 정도 돼요?"

TV를 보다가 저는 저도 모르게 "와!" 하고 감탄하고 말았습니다. 그때 화면에는 농담 반, 진담 반의 의미심장한 자막 한 줄이 써졌습니다. '뉴욕대 경영학과 출신'. 그건 그의 대처 능력이 남다르다는 것을 보여주기 위한 자막이었던 것이죠. 저는 그때 이 배우의 태도에 너무 놀라서 이 프로그램이 종영할 때까지 빠뜨리지 않고 봤습니다. 예약률 100퍼센트라는 제작진의 말에 그 배우는 미소를 비치더니 당장 호객을 위해 인테리어 소품을 가지고 가게를 꾸미기 시작하더라고요. 놀랍지 않나요?

우리가 살아야 하는 인생은 연습 없는 실제 상황이라고 하죠. 견딜 수 있을 만큼만, 또 내가 예측한 범위에서 크게 벗어나지 않고 시련이 온다면 좋을 텐데 말이죠. 모두 아시겠지만 현실은 그러질 못합니다. 기습적으로 날아오는 쨉(jab: 권투 경기에서 상대에게 기습적으로 건네는 가벼운 주먹 놀림)이 너무나 많은 것이 인생이죠. 예상치 못한 스트레스 상황을 마주하면 사람들은 상실, 분노, 좌절의 감정을 느끼게 됩니다. 그리고 스스로 그 상황을 통제할 수 없다고 생각하는 순간 스트레스는 더욱 커집니다. 하지만 위 TV 프로의 남자 배우처럼 충분히 스스로가 통제할 수 있다고 판단하고, 이후 자신이 취해야 하는 행동의 방향을 결정하는 높은 회복력을 보여주는 사람들도 있습니다. 이때 사람마다 취하는 대처 방식이 다른 이유로 심리학에서는 '나 경계(I Boundary)'를 설명합니다. 그리고 이러한 개인의 정서적 텃밭은 그동안 경험한 관계를 통해 가꿔졌다는 것입니다.

아이와 제가 좋아하는 애니메이션 중 '도라에몽'이 있어요. 도라에몽의 배에는 큰 주머니가 하나 있는데요. 그 주머니에서는 상상 속에나 있을 법한 각종 도구들이 가득 들어 있습니다. 주인공인 진구가 위험에 처할 때마다 그 주머니에서 도라에몽은 적절한 도구를 꺼내 진구를 구해줍니다. 한 개인의 경계 'I boundary'는 도라에몽의 도구 같은 것입니다. 그런데 우리의 도구들은 어느 날 갑자기 주머니에 채워지는 것이 아니라 해결해야 하는 갈등과 문제의 상황을 경험할 때마다 보상처럼 그 결과를 통해 하나씩 채워지는 원리를 따릅니다. 그리고 중요한 것은 그것이 성공이든 실패이든 모두 도구로써 의미를 갖는다는 것입니다. 성인이 된 딸의 문제까지 엄마가 나서서 해결해줄 것이 아니라 해결할 수 있도록 충분히 격려하고 지켜보는 엄마의 자리에 앉아야 합니다.

엄마는 딸이 넓고, 깊은 자신만의 경계를 만들 수 있도록 세상의 많은 경험의 장으로 딸을 안내만 해주면 됩니다. 그뿐입니다. 정답도 오답도 딸이 찾아내도록 그냥 놔두면 됩니다. 어느 책 속의 유명한 말처럼 인생에 정답은 없어요. 자신이 선택한 것을 정답으로 만들어가는 과정만 존재할 뿐입니다. 다만, 그 정답을 예측하고 선택할 수 있는 힘에 엄마가 보여줬던 공감적 태도와 안정적 애착이 강한 동기로 작용된다는 것을 기억해야 합니다.

PART 2

결혼하고 아이를 낳으면 엄마와의 갈등은 사라질까?

상대의
욕구와 감정을
알아차려주는 것

_ 영화 '친정엄마' 중에서

세련되게 표현하는 법을 모르는 엄마식 사랑은 서울에서 생활하는
딸을 찾을 때에도 드러난다. 엄마는 딸이 어렸을 때부터 좋아했던 반
찬들과 복숭아 통조림을 보따리 가득 챙겨 버스를 타는 것도 마다하
지 않는다. 엄마가 딸을 위해 해줄 수 있는 것이 그뿐이기에 반찬들
에 온 마음을 담아 보낸 것이다. 생각해보니 나의 엄마도 그랬었다.
그 시절 나는 그런 보따리들이 귀찮기도 했고, 창피한 마음도 있었
다. 그런데 영화 친정엄마를 보며 나는 그 보따리 가득 담겨진 물건
들에게서 가슴 저리도록 묵직한 엄마의 사랑을 느꼈다.

영화 속 보따리에 싸졌던 반찬과 복숭아 통조림은 딸을 향한 엄마의 사랑을 나타내는 '메타포metaphor'(은유, 숨겨서 비유하는 수사법)라 할 수 있을 것이다. 나는 이 영화가 왜 수많은 관계 중에서도 모녀관계에 집중했는지를 다시금 생각해봤다. 그것은 메타포였다. 친정엄마를 향한 메타포는 명치끝에서부터 심장이 점점 굳어지는 먹먹한 감정을 만들어낸다. 그것은 어쩌면 친정엄마를 둔 딸들만이 누릴 수 있는 특권일지도 모르겠다. 나의 엄마와 딸을 떠올리면 함께 그려지는 함축적 메타포는 무엇인지, 그것이 감각에 전달하는 감정은 어떤 종류인지가 모녀관계의 척도가 될 수 있을 것이다.

2살밖에 안 되었던 첫째 딸을 허망하게 보내고 난 후 태어난 딸이어서 그런지 엄마는 아들보다 오히려 둘째 딸 지숙에게 유독 사랑을 준다. 그리고 지숙은 사는 내내 엄마의 자랑이자 삶의 전부가 되어준다. 배우의 연기가 좋아서였기도 하지만 영화를 보는 내내 '저 모습이 진짜 엄마의 사랑이지'라는 생각을 멈출 수가 없었다. 그런데 생각해보니 영화 속 엄마의 모습은 결코 화려하거나 세련되지 않았다. 오히려 투박하고 촌스러웠다.

영화 속 엄마는 딸이 어렸을 때도 딸이 다 커서 아이를 낳고 난 후에도 딸에게 '아가'라고 불렀다. 엄마는 딸을 불면 날아갈까 쥐면 부서질까 애지중지 사랑으로 키운다. 그런 딸, 지숙이 상견례 자리에서 예비 시어머니로부터 제대로 인정받지 못하자 화가 난 엄마는 호기롭게 이 결혼 안 시킨다며 앞장서서 나온다. 그러나 이내 후회하며 해준 것 없이 가난하고 무식한 부모가 되어 딸의 결혼을 막았다며 가슴을 쥐어뜯고 울부짖는다. 그런 엄마를 보는 것이 괴로웠던 지숙은 엄마에게 그만하라며, 그 사람과 결혼 안 할 거라 말한다. 그러나 엄마는 그 말이 진심이 아니라는 것을 알아차린다. 결국 자존심 내세우며 뒤돌아섰던 남자의 어머니를 다시 찾아가 무릎 꿇어 사정한다.

또, 자신이 '췌장암 말기'라는 사실을 알게 된 후 엄마를 마지막으로 보러 간 지숙은 아무렇지 않은 척 엄마와 함께 쇼핑을 하고, 단풍 구경도 가고, 사진도 찍는다. 엄마는 딸의 모습에서 평소와는 다르다는 걸 알아차리고 무슨 일이냐며, 말하지 않아도 엄마는 다 안다며 당장 무슨 일인지 말하라고 채근한다. 그때도 지숙은 "괜찮아. 아무 일 없어"라고 말하지만 엄마는 딸에게 큰 일이 일어났음을 알아차린다. 이 치열한 사랑은 오직 엄마이기에 가능한 것이다.

게슈탈트 심리 치료 기법에서는 content(내용)보다 process(과정)에 집중하여 상담하기를 강조한다. 사람들이 들려주는 이야기는 자신만의 주관적 생각과 편견으로 개념화된 언어이기에 사실 그대로 전달될 가능성이 낮다. 반면 이야기를 전달하는 과정에서 보여주는 비언어적 메시지에 해당하는 얼굴 표정, 목소리, 시선, 신체 동작들 그리고 마음속에서 일어나는 감정, 욕구, 생각, 이미지 등이 현상으로 드러나는 것은 자체 검열을 거치지 않고, 진짜 전하고 싶은 속마음을 반영한다. 그래서 좋은 치료자는 내담자의 이야기만을 듣는 것이 아니라 살아 있는 내담자의 실존을 알아차려주는 사람인 것이다. 그런 면에서 우리들의 엄마는 마치 잘 훈련된 심리치료사처럼 자식의 프로세스에 정확하게 주의하고 강렬하게 반영하는 사람들인 것이다. 귀신은 속여도 엄마는 못 속인다며 속앓이를 할 때마다 슬며시 말을 걸어오는 엄마, 모든 신체 감각이 자식을 향해 있기 때문에 가능한 일일 것이다.

영화에서 췌장암 말기 판정을 받은 지숙은 결국 엄마와 영원한 이별을 하게 된다. 딸의 장례를 마치고 고향집으로 돌아온 엄마는 반 넋이 나간 모습으로 마루에 걸터앉아 허공에 대고 읊조리듯 말을 이어간다. 나는 결국 영화를 보는 내내 애써 꾹 참았던 눈물을 왈칵 쏟고 말았다.

홀로 남은 친정 엄마는 삶의 전부였던 딸을 먼저 보내고도 살아서 생명을 유지하고 있는 스스로를 원망하고 있었다. 자신보다 먼저 떠난 딸을 빨리 뒤따라가 외롭지 않게 말동무를 해줘야 하는데 혹여 어리숙한 당신이 저승길마저도 제대로 찾지 못해 길을 잃고 헤매서 딸을 고생시킬까 봐 걱정했다. 마치 지금-여기 살아 있는 엄마의 시간은 멈춰버리고, 오로지 죽은 딸이 있는 곳으로 가는 시간만이 작동하는 것 같았다. 이 세상에서 제일 잘한 것은 딸, 지숙을 낳은 것이고, 또 제일 후회되는 것 또한 지숙을 낳은 것이라고 말하며, 병으로 죽는 순간까지 고통스러웠을 딸의 인생과 죽음이 모두 자기 탓이라 느끼는 것이다. 이렇게 친정엄마는 딸을 지켜내지 못한 죄책감이라는 철조망에 자신을 철저히 가두고 있었다. 하지만 동시에 자신에게 가장 큰 축복이었던 딸이기에 다음 생이 허락된다면 '다음 세상에도 꼭 자신의 딸로 태어나 달라'며 애달픈 마음을 조심스레 전하고 용서를 구한다.

딸 지숙은 부유하지도 않았고, 그래서 원하는 것을 모두 가질 수는 없었지만 다시 엄마의 딸로 기꺼이 태어나고 싶을 것이다. 거친 표현에 가려져 보지 못한 숱한 사랑의 마음들, 그것은 오로지 상대를 향해 나의 감각을 열었을 때만이 온전히 알아차릴 수 있을 것이다. 오랫동안 억압되어 있던 감정과 욕구의 찌꺼기들은 마음에 잔망처럼 남아 상대에게서 느껴지는 작은 서운함과 불편함도 참아내지 못하게 만든다. 모녀관계에 존재하는 이러한 미해결 과제를 치유하기 위해서는 그동안 바로 읽어주지 못했던 상대의 감정과 욕구를 알아차려주는 것으로 시작해야 한다. 그리고 그것은 어떤 형태로는 그 사람의 외부로 표출될 것이기에 우리는 지금 여기에서 우리에게 보이고, 들리고, 느껴지는 것들의 섬세한 알아차림에 최선을 다해야만 한다.

'상처가 되는 말'에
대해

심리학자 아들러(Adler)는 '열등한 신체기관', '과잉보호', '방임'의 환경에서 자란 아이들은 삶의 문제에 대한 자신의 접근법을 수정할 때 항상 다른 사람의 도움을 필요로 하게 된다고 말했다. 그리고 이 것은 분명 잘못된 삶의 태도를 부여한다고 꼬집는다.

내가 아이를 키우며 가장 중요하게 가지고 있는 양육의 태도는 아이가 실수와 실패를 두려워하지 않도록 하는 것, 쉽게 좌절하거 나 함부로 다른 사람과 환경을 탓하지 않게 하는 것이다. 그러기 위 해 내가 사용하는 방법이 바로 감성코칭이다. 열등감이 높은 아이들은 좌절의 순간 포기하고 도망친다. 과잉보호를 받은 아이들 또한 결과적으로는 비슷한 행동양식을 가지게 된다.

엄마인 나보다 할머니와 함께하는 시간이 더 많은 내 아이의 주된 양육자 중 한 사람은 나의 엄마, 아이의 외할머니이다. 사실 엄마가 사용하는 언어 방식은 긍정보다는 부정이 많다. '하지 마', '안돼'처럼 무엇인가 행동을 제지하는 표현들. '~때문에', '지긋지긋하다'와 같은 비관하는 표현들도 자주 사용한다. 난 엄마의 그런 표현들이 마음에 들지 않았다. 아니 정말 듣고 싶지 않았다. 나는 엄마에게 육아를 부탁하며 다른 것들은 크게 걱정하지 않았다. 다만, 내가 자라면서 그토록 듣기 싫었던 부정적인 표현들이 아이에게만은 사용되지 않기를 바랐을 뿐이다. 그러나 그것은 내 바람일 뿐 아이는 왕왕 할머니에게 혼이 났다거나, 할머니가 자기에게 나쁜 말을 했다는 식의 이야기를 전해왔다.

자라보고 놀란 가슴 솥뚜껑 보고 놀란다고 나는 그럴 때마다 가정에서 정서적 학대를 받았던 아이들의 미래를 자연스럽게 연상하게 되고, 순간 덜컥 두렵고, 짜증이 나기도 했다. 나는 속상한 마음에 "엄마, 혹시 애한테 빨리 좀 하라면서 짜증 난다고 말했어요? 속상했는지 나한테 와서 많이 울더라고" 하며 최대한 엄마의 눈치를 살피며 부드러운 어투로 말을 했다. 분명 내 딴에는 돌려서 부드럽게 한 말이었다. 하지만 엄마에겐 썩 듣기 좋은 말은 아니었던 것 같다. 아니 오히려 비난하는 말로 들렸던 것 같다.

"잘못했으면 당연히 혼을 내야지. 내가 이래서 안 봐주려고 했어" 또는 "뭘? 내가 무슨 말을 했다고 그래?"로 불편한 감정을 드러내곤 했다. 이러한 부딪힘은 엄마가 육아를 도와주기로 한 초기 몇 개월 동안 서로의 정서를 매우 예민하게 만들었고, 참다못한 엄마는 때때로 신경질적으로 옷가방을 싸며 무언의 압박을 해오곤 했다.

이렇듯 내가 하는 말들은 간혹 나의 의도와는 상관없이 우리들의 관계를 망쳐버리는 오해의 원흉이 되곤 한다. 사실 대인관계라고 하는 것은 내 생각과 의견을 타인에게 어떠한 방법으로 어떻게 표현하고 전달하는지 개인의 의사소통 유형에 따라서 결정된다 해도 과언이 아닐 것이다. 그리고 이것은 엄마와 딸의 관계에서도 예외가 될 수는 없다. 만약 내가 엄마나 딸을 비롯한 다른 누군가와 기분 좋은 소통을 통해 관계의 기쁨을 누리고 싶다면 내가 대화 시 습관처럼 사용하는 패턴을 알아차리는 것이 무엇보다 먼저라고 생각한다. 경험적 가족치료의 대가 사티어(Satir)는 기능적 의사소통 유형에 해당하는 '일치형'과 역기능적 의사소통 유형에 해당하는 '회유형, 비난형, 초이성형, 산만형'의 다섯 가지로 의사소통 유형을 분류했다.

우선, '회유형'은 상대방의 어떤 비판의 말이라도 무조건 '예'로 수용하고, 그에 반대하는 말을 절대 하지 않는 유형이다. 타인과의 관계를 중요시하지만 둘 사이 자신의 감정은 전혀 존중하지 않고 오로지 상대방에게 맞춰주는 자기희생적인 모습을 보여준다. 당연히 관계 속에서 자신의 의견을 주장하지 못함으로 발생하는 언짢은 기분의 감정을 억제하다 보니 스트레스는 점점 커진다. 이들이 타인의 눈치를 살피는 것은 거부에 대한 불안과 두려움에서 시작된다 할 수 있겠다.

'비난형'은 타인에게 자신이 힘이 있는 강한 사람으로 보이기를 원한다. 그 방법으로 다른 사람을 괴롭히거나 비난하고, 환경을 탓하는 자기 보호의 방어기제를 사용한다. 이들의 공격적인 모습은 외적으로 험악하고, 난폭하며 어느 면에서는 강인해 보이기까지 하지만 사실 내적으로는 자신이 다른 사람들로부터 소외되어 있거나 실패자로 보이는 것을 두려워하는 겁쟁이일 수도 있다.

'초이성형'은 자신과 타인 모두에게 무관심하고 냉대한 모습을 보인다. 오로지 합리적인 상황과 문제 해결에만 집중하며, 그 방법으로 대단히 논리적이고 이성적인 방법을 추구하는 유형이다. 무엇이든 실수 없이 완벽하게 해내려는 경향을 가지고 있기에 겉으로는 굉장히 이성적이며 차분한 합리적 인간형으로 보이지만, 실제 이들의 내면은 혼자라는 외로움과 사람에 대한 불신으로 가득 차 있을 수 있다.

'산만형'은 대화에 집중하지 못하고 지나치게 '유쾌함'만을 추구하려는 경향을 가지고 있어 주위 사람들의 눈총을 받기 쉽다. 이들은 스트레스 상황에서 그 주제에 대해 고민하여 문제를 해결하기보다는 그 순간 괴로운 마음을 견디지 못해 전혀 상관없는 것에 관심을 두거나 주제를 전환하려 들기도 한다. 진지함보다는 끊임없이 부산하게 행동하면서 주제로부터 관심을 분산시키려 드는 것이다. 이들의 내면은 아무도 자신을 걱정해주거나 수용해주는 사람이 없을 것이라는 부정적인 생각으로 인해 깊은 고독감에 빠져 있을 수 있다.

네 가지 역기능적인 유형 모두 낮은 자기가치감을 가지고 있다는 공통점이 있다. 자기가치감이 낮은 사람들은 실제 느끼는 감정을 솔직하게 표현하는 것을 두려워하고 자기 보호를 위해 다른 사람의 의견에 무조건 수용하거나 반대로 비난하고 무시하는 태도를 보이게 된다. 좋은 관계를 형성하고 유지하기 위해서는 일치형이 가지고 있는 태도 즉, 자신의 내면에서 느끼는 감정을 정확하게 알아차리고 그것을 진솔하게 적절한 단어로 표현할 수 있도록 하는 훈련이 필요하다. 우리들에게서 발견되는 역기능적 의사소통의 패턴을 기능적인 일치형에 가깝도록 바꿔보는 것이다.

7남매 중 첫 번째 맏딸로 태어난 엄마는 공부를 많이 하지도 못했고, 부유하게 자란 것도 아니었다. 자라는 동안에는 많은 것들을 남동생들에게 양보해야 했고, 결혼을 해서는 시어머니의 독한 시집 살이를 견뎌야만 했다. 그야말로 많은 부분에서 엄마는 희생과 포기가 익숙한 삶을 살았던 분이다. 나는 상담을 공부하며 자연스럽게 엄마의 의사소통 유형이 '비난형'이라는 것을 짐작할 수 있었다. 그 뒤 겉으로 표현되는 엄마의 말들이 진짜 엄마의 속마음이 아닐 것이라는 전제를 하기 시작했다.

아침마다 시작되는 할머니의 '빨리빨리' 하라는 재촉은 비교적 여유로운 아이에게는 다소 공격적으로 들리는 것 같다. 나이 들며 귀가 조금씩 더 안 들리는 할머니가 큰 소리로 다그치듯이 말하는 모습은 아이를 순간 움츠리게 만들기도 한다. 조금이라도 원하는 대로 아이가 움직이지 않으면 비난을 하는 할머니의 말들은 아이의 가치감을 해칠 것만 같다.

이 모든 나의 판단과 평가의 생각들을 내려놓는다는 것은 참 힘든 일이다. 어떤 것들은 지금도 가끔 겪을 때마다 나를 순간 당황시키기도, 화나게 만들기도 한다. 그럼에도 불구하고 나는 나의 엄마에 대한 꼬리표를 떼어내려 애쓰고 있다. 비난형인 엄마의 속마음은 사실 '나도 외로워', '난 지금까지 해놓은 것이 아무 것도 없는 것 같아', '이 나이에 할 수 있는 것도 없어', '딸이나 손녀에게 무시받고 싶지 않아'라고 몸부림치고 있다는 것을 알고 있기 때문이다. 최근에 나는 엄마가 선택하는 말들이 포함하고 있는 암묵적 메시지를 찾아내고 그것을 아이에게 설명하는 것에 조금 더 집중하고 있다. 나는 아이에게 말해줬다.

"할머니가 빨리하라고 재촉하는 것은 하윤이가 밉거나 답답해서 가 아니라 하윤이가 학교에 늦을까 봐 걱정이 되셔서 그러는 거야."
"할머니가 큰소리로 말하는 것은 하윤이를 혼내는 것이 아니라, 할머니가 소리가 잘 안 들려서 그래. 잘 안 들리는 사람은 다른 사람도 안 들릴까 봐 크게 말하는 습관이 있거든."
"할머니도 짜증이 날 수 있어. 어른들도 똑같이 일이 잘 안되면 화가 나기도 하고, 불안하기도 하거든. 그런 마음이 올라오다 보니 무심결에 나오는 소리야. 절대 하윤이를 싫어하거나 미워해서 비난 하는 소리가 아니야. 알겠지?"

나는 아이가 할머니의 의사소통 유형으로 인해 혹시나 오해하지 않도록 할머니가 표현하지 못하는 속마음 언어를 아이가 이해할 수 있는 아이의 언어로 풀어서 설명해주는 역할을 종종 한다. 할머니와 손녀 사이에서 중재자로 메타커뮤니케이션(meta-communication)을 파악하고, 두 사람 사이 주고받는 대화 속 의미와 내용을 구분해주는 것이다. 대화는 표면적 의미와 메시지에 숨겨진 잠재된 내용으로 이루어져 있기 때문이다.

"잘못했으면 혼내야지"라고 했던 엄마의 말은 표면적으로는 '애들은 당연히 혼내면서 키워야지'라는 의미를 담고 있다. 하지만 잠재된 내용은 '아이에게 적절히 훈육하지 않으면 버릇없어질 수도 있고, 혹시 그것이 아이의 기능을 가로 막을까 걱정도 된다'일 것이다.

우리 중 관계 속에서 상처받고 싶은 사람은 그 누구도 없을 것이다. 더욱이 상처를 받는 대상이 내 아이라면 또 그 상처를 주는 대상이 내 엄마라면 너무나 곤욕스러울 것이다. 상처 입은 사람이 전하는 말은 다른 사람을 상처 입히기 쉽다. 상처의 말을 바꾸는 것이 어렵다면 다른 누군가가 상처받지 않도록 말 속에 숨겨진 내용에 집중할 필요가 있겠다. 이러한 암묵적 메시지는 관계를 형성하고 촉진하는 관계메시지이기 때문이다.

이런 과정을 거쳐, 서로 이해의 노력을 통해 대화는 조금씩 천천히 바뀌는 것이다. 평생 변할 것 같지 않았던 엄마의 화법이 조금씩 바뀌고 있다. 아이의 기분을 물어봐주거나, 아이가 놀랐을까 봐 할머니가 왜 그렇게 말을 했는지 상황을 설명하고, 가끔은 안아주며 달래기도 하는 모습을 자주 목격한다. 우리는 관계를 포기하기 전, 다시 한 번 상호성을 믿어야만 한다.

격려와 용기

격려의 개념에서 필수적인 요소는 용기이다. 심리학자 아들러(Adler)는 개인이 직면한 문제의 해결능력을 높이기 위해서는 용기가 필요하다고 했다. 사람의 행동 변화에 있어 가장 중요한 것이 바로 '용기(Courage)'라는 것이다. 용기 있는 사람은 자신의 결핍을 원망하지 않으며 그것을 극복하거나 대체할 수 있는 자신의 긍정적 요소를 탐색하여 적용한다. 그렇다면 어떤 사람이 용기 있는 사람일까? 바로 용기의 힘은 타인을 격려하는 말들로부터 키워진다고 한다. 바로 '격려(Encourage)'란 타인에게 용기를 북돋거나 돕는다는 것이다. 특히, 지속적인 격려를 받으며 자란 아동의 경우 자기 존재에 대한 약점을 수용하고 최선을 다할 가능성이 높아진다고 한다. 낙담하지 않게 된다는 것이다.

격려는 개인의 통제력을 높여주는 역할을 한다. 스스로 통제할 수 없는 요인들의 영향을 최소화하고, 통제할 수 있는 요인들을 최대한 이용할 수 있는 자기 확신이 가능하도록 돕는 것이 바로 격려의 본질이기 때문이다. 있는 그대로 사람들을 존중하는 것, 상대방이 가진 능력을 충분히 만족스럽게 발휘할 것이라는 기대를 가지는 것, 나와 타인의 노력을 가치 있는 것으로 인식하는 것, 사람들 스스로 자기 자신을 신뢰할 수 있도록 돕는 행동들이 이에 속한다. 구체적으로 언어적인 격려와 비언어적인 격려로 나눠볼 수 있다.

· 언어적 격려	· 비언어적 격려
"엄마(딸)와 함께해서 정말 즐거웠어요." "도와줘서 고마워요." "~하는 것을 가르쳐주세요." "우리 함께 ~을 만들어볼까요?"	공감적 경청하기, 편지나 카드 쓰기, 기념일 챙기기, 나에게 가치 있는 것을 함께 나누기

각자의 불안 때문에
더욱 커지는 갈등

미경 씨는 결혼 13년차 직장맘이라고 했다. 7살 아이를 키우는 것이 너무 어렵다는 그녀가 요즘 가장 애먹고 있는 것은 바로 둘째 아이의 유치원 등원이었다. 아침마다 유치원에 안 가겠다며 떼를 쓰는 아이 때문에 전쟁을 치르고 있다는 것이다. 출근 시간이 점점 촉박해지면 불안한 마음이 커져 아이를 유치원까지 힘으로 끌고 가다 보니 탈진이 될 정도라고 했다. 아이는 잘 있다가도 유치원에 가야 하는 시간이 되거나, 엄마가 출근이나 외출만 하려고 하면 울고불고 떼를 쓰며 엄마에게 소리를 지르거나 물건을 던지는 식으로 저항하는데, 언젠가는 길에 드러누운 채 일어나질 않아 한참 동안 실랑이를 했다고 한다. 그런데도 결국 등원시키지 못하고 외할머니가 계신 집으로 다시 데려다줘야 했다는 것이다.

그런가 하면 아이는 유치원에서도 자기 뜻대로 되지 않으면 친구를 밀치거나 꼬집는 등 다소 공격적인 행동을 보인다고 했다. 문제는 아이의 공격적인 행동이 점점 더 강해지고 있다는 것이었다 미경 씨는 이것 때문에 관련 서적도 읽어보고, 상담도 받아봤다고 했다. 그때마다 들었던 이야기는 엄마의 정서가 매우 불안한 상태라는 대답들이었다. 설명을 듣고 나니 더욱 아이의 행동이 이해가 되기 시작했다.

미경 씨는 요즘 아이의 감정을 읽어주고, 규칙을 정하는 등 필요할 때는 단호하게 훈육하려 애쓰고 있지만 매번 훈육은 실패로 돌아가고 만다고 했다. 더군다나 아이가 떼를 쓰기 시작하면 자기가 어떻게 해야 할지를 모르겠고, 그 순간 안절부절 못하는 것을 아이에게 들키는 것만 같다고 했다. 그래서 미경 씨가 빨리 상황을 마무리짓기 위해 자주 쓰는 방법은 집 근처 문방구나 마트에서 아이가 좋아하는 장난감을 손에 쥐어주거나 무엇인가 아이가 원하는 물건을 대가로 보상해주는 형태로 실랑이를 마무리하게 된다고 했다. 아마도 아이가 떼를 쓰기 시작하면 어떻게 아이를 달래고 타일러

행동을 고쳐줘야 하는지를 모르다 보니 미경 씨는 그냥 그 순간 머리가 멍해지는 상태를 경험하고 있었을 것이다. 그리고 마음속에는 오직 이 순간을 빨리 피하고 싶다는 생각이 강렬했을 것이다. 내년이면 아이가 초등학교에 입학하게 될 텐데 여전히 지금처럼 문제가 해결되지 않을까 봐 미경 씨는 걱정이 이만저만 아니었다. 그런데 이렇게 되기까지 중심에는 바로 친정엄마가 있었다며 엄마에 대한 원망과 속상한 마음을 감추지 못했다.

"집에서 아이가 아무리 잘못을 해도 훈육을 할 수가 없어요. 잘못한 것이 있으면 무섭게 야단도 치고 해야 하는데 그때마다 할머니가 옆에서 '아직 애기인데 그냥 둬라. 애들이 다 그렇지. 가기 싫어하면 보내지 마. 너는 뭐 개만 했을 때 잘했는지 알아? 그만 해'와 같은 식으로 계속 애를 감싸거나 편을 들어주니까…. 이제 잘못한 게 있으면 아이가 할머니 뒤로 숨는다니까요. 그렇다고 우리 부부가 알아서 할 테니 엄마는 조금 빠져달라고 하면 분명 섭섭해하실 테니 말도 못하고…. 점점 아이는 안 좋아지는 것 같고…. 요즘은 남편 보기도 미안해요."

둘째 아이가 태어나면서부터 친정엄마가 함께 거주하며 육아를 도와주고 있다고 했다. 엄마나 미경 씨 모두 내향적이며 조심스러운 성격인지라 과거나 지금이나 불편한 감정이 들어도 참는 편이고, 굳이 말을 꺼내서 큰 불화를 만들고 싶어 하지 않는다고 했다. 그런데 자꾸 서운한 것들을 그렇게 채워 담기만 하다 보니 이제는 흘러내리기 시작해버린 것 같다고 했다. 다른 문제들은 본인이 그냥 서운해도 넘어가고 참았는데 자녀의 육아 문제만큼 그렇게 되질 않아서 힘들다고 했다.

그런데 미경 씨가 생각하는 것처럼 훈육이 잘 되지 않는 이유가 오로지 친정엄마의 개입 때문인지는 좀 더 생각해볼 필요가 있을 것 같다. 사실 가족 안에서 발생하는 대부분의 문제는 가족 내 정서체계가 건강하지 못하다는 것을 의미하는 것이다. 가족 구성원 간의 정서적 상호작용은 단편적으로는 '연결'되어 있거나 반대로 '단절'되어 있거나 둘 중 하나일 것이다. 연결되어 있다는 것이 정서적 유대감과 친밀성 그리고 개인이 가지고 있는 자율성이 인정되는 것이라면 단절은 지나치게 정서적으로 분리되어 있음을 나타내는 것이다. 가족의 부모자녀 관계에서 단절된 정서체계를 가지고 있을 때 드러나는 특징 중 하나가 자녀의 불안수준이 높다는 것이다. 짐작하건데 미경 씨의 원가족은 단절된 정서체계를 가지고 있었을지도 모른다.

심리적 건강의 주요 지표는 긍정적 감정에 있지 않다. 오히려 부정적 감정에 해당하는 좌절, 분노, 이별, 상실, 고통 등을 얼마나 예민하게 느끼고 처리할 수 있는가를 본다. 불안수준이 높은 엄마는 자녀의 문제에 적절하게 대응하지 못하며, 아예 이를 회피하거나 오히려 지나치게 간섭하고 통제하는 등 제대로 대처하지 못한다. 그러니 다른 사람을 탓하기 전 우리 스스로 부모의 역할에 얼마나 충실한지를 점검해볼 필요가 있겠다.

현재 미경 씨의 상황은 갤린스키(Galinsky)가 주장한 부모역할 6단계 중 4단계에 해당한다. 이 시기는 부모자녀 관계가 재조명되는 시기로 자녀의 정서적 성숙에 있어 어느 때보다 중요한 시기라고 전문가들은 말한다. 부모는 사회와 세상에 궁금한 것이 많아지는 자녀에게 친절하면서도 객관적인 조력자가 되어주는 것은 물론, 자녀와의 갈등을 효과적으로 처리하는 기술도 갖추고 있어야 한다. 하지만 지금 미경 씨가 선택하고 있는 갈등 처리의 방법은 부모의 부탁을 아이가 들어줄 경우 부모도 아이가 원하는 물건을 주는 대가성 교환 밖에는 되질 못했다. 물론 사람의 심리, 사회적 발달은 대부분 반복 학습에 의해서 만들어지고 이때 자신의 행동을 결정짓는 강화요인이 반드시 필요한 것은 맞다. 하지만 미경 씨가 선택한 물질적 지원은 긍정적인 방법이라 할 수 없을 것이다. 자녀의 행동을 고치기 위해서는 우선 미경 씨의 불안수준을 낮출 수 있어야 한다. 그것은 부모자녀 관계에 있어서 정서적 연결을 의미한다. 부부, 부모자녀, 형제간 유대감과 친밀감을 획득할 수 있도록 상호반응을 해주는 것이다. 그것의 규칙은 간단하다. 따뜻한 코칭자가 되어 감정은 읽어주되 행동은 고쳐주는 것이다.

"지금 네 마음이 이렇구나."(감정을 읽어준다.)

"어떻게 하면 좋을까? 네 생각은 어때?"(문제 해결을 위한 질문)

"유치원에 가서 재미있었던 적은 언제였어? 무엇을 할 때 즐겁지?"

이것이 가능해진다면 미경 씨는 자녀의 성장 시기에 맞춰서 부모 역할을 수행할 수 있게 될 것이다. 더불어 한 가지 더 미경 씨뿐 아니라 미경 씨의 엄마 또한 만성불안을 가지고 있을 것이다. 일반적으로 개인이 가지고 있는 높은 불안 수준은 개인 안에 머물러 있지 못하고 다른 사람들과 관계를 통해 외부로 표출되게 된다. 그러나 미경 씨의 불안은 자녀와 친정엄마를 향할 것이다. 엄마에 대한 원망의 마음은 언제 불쑥 튀어 나올지 모른다. 그때 미경 씨는 알아차릴 수 있어야 한다. 그것은 엄마가 만든 불편한 상황이 아니라 내가 불안하기 때문이라는 것을 말이다.

'내가 지금 많이 불안하구나. 아이가 잘못될까 봐 불안하구나.'

우리의 감정은 내가 느끼는 순간 '내 감정이 이런 감정이있다'라고 이름을 붙여줄 수 있다면 마치 자동차의 브레이크를 밟는 것처럼 감정의 소용돌이에서 잠시나마 정신을 차릴 수 있는 작은 틈을 만들어준다. 예를 들어 훈육을 시작하는 찰나 개입하는 엄마를 보며 "나는 실망감을 느껴"라고 감정의 말로 꼬리표를 다는 것이다. 이것을 '감정 라벨링' 또는 '감정의 이름 붙이기'라고 한다. 감정 라벨링 작업은 우측 외배측전전두피질과 내측전전두피질의 활동 증가를 유도해 우리들이 느끼는 감정을 결정짓는 뇌 영역에 속하는 '편도체'를 진정시키는 역할을 하게 된다.

상대가 개입하는 소리에 감정이 휘둘리게 하지 말고 자신의 감정에 이름을 먼저 붙여주는 것이 필요하다. 이러한 감정적 경험에 대한 통찰을 통해 자기인식 능력을 높이는 훈련은 불안감을 조절하는 것에 도움을 준다. 그리고 천천히 자녀와 친정엄마의 감정에 대화를 걸어줄 수 있어야 한다. 이렇게 개인의 불안이 먼저 통제될 수 있다면 가족정서체계는 다시 회복될 수 있게 된다.

부모역할의 6단계

갤린스키(Galinsky)는 부모역할을 자녀의 성장시기별 우선시되어 '해결해야 할 정서적 지적 에너지가 무엇인가'를 중심으로 6단계로 나눠 설명했다.

- **1단계, 이미지 형성 단계(임신기)**
  : 남편과 아내의 역할에서 부모의 모습으로 이미지를 형성하거나 구체화하여 나가는 단계이다.
- **2단계, 양육하는 단계(자녀 0~2세)**
  : 부모들이 세운 자신들의 이미지와 현실을 일치시키고, 자녀와 적응해 나가는 단계로 이 시기 가장 중요한 과업은 애착관계형성이라 할 수 있다.
- **3단계, 권위를 형성해가는 단계(자녀 2~4,5세)**
  : 부모로서 권위를 세우고, 자녀가 따르도록 하는 단계이다. 아동의 사회화 과정을 돕는 촉진자로서 권위와 자세가 요구된다.
- **4단계, 설명하는 단계(5세~초등학교 시기)**
  : 자녀와의 갈등을 효과적으로 잘 처리하는 기술이 필요한 시기로 자녀의 폭넓은 관심과 탐구활동에 대해 성실한 지적 상담자 역할은 물론 관계형성에도 신경 써야 한다. 자녀의 분리-개별화 욕구가 인정되는 시기이다.
- **5단계, 상호의존 단계(자녀 청소년기)**
  : 자녀의 자아정체감이 형성되는 시기로 사춘기 자녀의 변화를 수용하고, 쌍방적, 상호 독립적 존재를 지지하는 부모자녀관계가 요구되는 시기이다.
- **6단계, 떠나보내는 단계(자녀 성인기)**
  : 자녀를 떠나보낼 준비를 해야 하고, 이후 남은 부부관계를 새롭게 하는 데 노력해야 한다.

서로를 연결시켜주는
정서적 상호작용의 힘

3대가 함께 생활하는 많은 경우 자녀의 육아로 고민하는 딸과 그 딸의 육아를 도와주는 친정엄마 간의 갈등이 존재합니다. 표면상으로는 육아에 지친 딸과 친정엄마의 문제처럼 보입니다만 사실 이것의 문제는 딸과 친정엄마보다는 딸이 그녀의 어린 자녀를 양육하는 방식과 더욱 크게 관련되어 있습니다. 앞에서 저는 가족 안에서 발생하는 대부분의 문제는 가족 내 정서체계와 관련되어 있다고 설명했습니다. 그리고 그것의 유연한 해결 방법은 가족 구성원 간의 연결된 정서적 상호작용이 필요하다고 했죠. 여기에서 서로를 연결시켜주는 상호작용은 의사소통 능력 즉, 대화를 말합니다. 그래서 저는 내 아이의 육아에 사사건건 개입하려는 친정엄마를 못마땅해하며 스트레스를 받고 있다면 내가 먼저 아이에게 훌륭한 감정코치가 되어보라고 권하고 싶습니다.

어린 자녀를 위한 감정 코칭을 이렇게 하면 어떨까요? 저희 아이가 가장 흥미 있어 하는 것은 그림을 그리거나 작은 미니어처를 만드는 활동인데요. 그날도 아이는 번호가 개통되지 않은 핸드폰으로 두 시간 정도를 꼼짝하지 않고 열중해서 무엇인가를 그리고 있었어요. 그렇게 한참이 지난 후 그림의 완성을 거의 눈앞에 두고 아이가 갑자기 "악~" 소리를 지르는 거예요. 순간 뭔가 큰일이 난 줄 알고 방에서 쉬고 있던 친정엄마도 거실로 나오셨고, 저는 직감적으로 아이가 그리고 있던 그림에 문제가 생겼음을 알 수 있었어요. 두 시간을 공들여 그렸던 그림이 핸드폰에 제대로 저장이 되지 않고, 삭제돼버렸더라고요. 아이는 화가 나서 어찌할 바를 모르고 있었어요. 지금껏 아이를 키우며 이렇게까지 누군가를 향해 화를 내는 모습은 난생 처음 봤던 것 같아요. 몸 전체에 힘을 잔뜩 준 채 주먹 쥔 양손을 파르르 떨고 있었죠. 눈에서도 눈물이 멈추질 않고 흐르고 있더라고요.

"복수할 거야. 내가 똑같이 복수할 거야. 나도 학교에 가면 OOO 휴대폰 집어 던져서 부숴버릴 거야."

저는 너무 놀라서 아이의 말을 집중해서 듣기 시작했습니다. 아이의 말대로라면 지금 그림이 저장되지 않은 것에 무엇인가 원인이 있다는 것이죠. 하지만 그런 사건의 전후 맥락을 묻는 것보다 아이의 몸이 너무 긴장하고 경직되어 있었기 때문에 저는 몸을 이완시켜주는 것이 더 중요하다고 생각했어요. 우선 아이를 꼬옥 끌어안은 채 등을 쓰다듬으며 호흡을 진정시키기 시작했습니다.

"하윤이가 열심히 그린 그림인데 저장되지 않아서 속상한 거지? 엄마라도 너무 속상하고 눈물 날 거 같아. 정말 너무 잘 그린 그림이었는데. 엄마도 너무 속상하다."

그리고 아이의 눈을 바라보면서 "지금 하윤이 몸이 너무 놀란 것 같아. 계속 이렇게 있으면 몸이 단단해져서 많이 아플지도 몰라. 자, 손을 풀고 엄마랑 숨부터 쉬어 볼까?"라며 아이가 우선 숨을 편히 쉴 수 있도록 이끌었어요. 고맙게도 아이는 조금씩 진정했고, 몸의 힘을 풀기 시작했지요. 아이의 감정이 점차 안정되자 지켜보고 계시던 친정엄마도 말없이 방으로 들어가시더군요. 저는 남편에게 부탁해서 차가운 물 한 잔을 받아 아이가 마실 수 있도록 했어요. 그리고 어찌된 일인지를 천천히 물었습니다. 학교에서 ○○○이란 친구가 아이의 스마트폰을 책상에서 떨어뜨렸고 그때 액정이 깨지면서 몇몇 기능들에 문제가 생기기 시작했다는 이야기를 하더라고요. 그러니 오늘의 이 사태는 바로 그

친구 때문에 생긴 일이라는 것이 아이의 생각과 판단이었고, 이것이 분노라는 2차 감정을 만들었던 것이죠. 아이의 마음이 충분히 이해가 됐어요. 그렇지만 그 친구가 그림 저장을 방해한 직접적인 원인이 될 수는 없죠. 두 가지 감정 코칭 주제를 떠올렸습니다.

그것은 우선 인과관계를 아이에게 쉽게 설명해야 한다는 생각과 다른 사람의 탓이 아니라 아이 스스로 이 상황을 되도록 수용하고, 같은 상황을 다시 경험할 때 지금과는 다른 대처 방법을 떠올릴 수 있게 해 줘야 한다는 것이었습니다.

"하윤이가 그래서 더 속상했구나. 그런데 스마트폰만 그런 게 아니라 엄마가 쓰는 컴퓨터도 가끔 그래. 엄마 컴퓨터는 누가 던져서 고장 난 것이 아닌데도 기계들은 가끔 문제를 일으켜. 엄마도 한번은 몇 시간 동안 어렵게 만든 강의 자료가 저장 안 되고 삭제된 적도 있었거든."

"다른 사람이 던지거나 나쁜 짓을 한 것이 아니어도 고장 날 수 있어?"

"그럼 당연하지. 그럴 때는 진짜 너무 속상하고 막 화가 나는데 그렇게 화를 낸다고 갑자기 자료가 생기는 것도 아니기 때문에 빨리 다시 만드는 수밖에 없었지. 어른들도 기계도 똑같이 누구라도 실수할 수 있어. 생각한 대로 잘 안 될 때도 있고."

아이는 엄마도 정말 그랬느냐며, 자기에게만 이런 일이 일어난 것이 아니었다는 것에 조금 안도하는 것 같았어요. 그리고 자신이 좋아하는 인형을 꼭 안은 후, 요즘 저와 함께 듣고 있는 마음챙김 명상 앱 '마음보기'를 틀어 달래더니 잠깐을 천천히 혼자 생각에 잠기더라고요. 아이가 잠시 후 "엄마 이제 나 괜찮아졌어요"라고 말해줬습니다. 저는 다시 기분이 조금 나아진 아이에게 이런 제안을 했어요.

"하윤이가 오늘은 너무 애쓰고 힘들었으니 조금 쉬었다가 내일이나 다른 때 오늘 그렸던 그림을 그리고 싶어지면 다시 그려볼 수는 있을 것 같아?"

아이는 그러겠다고 대답해주더라고요. 그리고 잠시 후 똑같이는 아니지만 지금 떠오르는 새로운 장면이 있다면서 좀 전에 그렸던 그림보다는 간결한 그림을 뚝딱뚝딱 빠르게 그리는 것으로 그림 활동을 마무리했답니다.

(1) 감정 읽어 주기
(2) 몸 이완 시켜주기(스트레칭, 호흡, 물 마시기 등)
(3) 합리적 설명으로 이해 이끌기
(4) 감정의 수용됨을 확인한 후 추후 발생되는 상황에 대한 대처 방법 제안/질문하기

아이의 감정을 잘 읽어주고, 긍정적인 방향으로 행동을 개선시켜주고 있다면 친정엄마는 딸의 육아 문제에 사사건건 시비를 걸며 개입하는 것을 멈추게 될 것입니다. 하지만 아이를 제대로 보살피지 못한다는 생각이 든다면 엄마의 방식을 딸에게 더욱 강하게 요구해올지도 모릅니다. 엄마의 개입을 막는 불만의 소리는 다시금 비난의 화살을 만들지만, 무언가 특별히 문제될 것이 없어 개입할 필요를 느끼지 못하게 만드는 것은 가족 안에서의 정서적 상호작용을 높여줄 것입니다.

03

엄마의 충분한 사랑을
받지 못했던 것만 같은가?

아이를 키우며 너무 행복한 때는 고물고물 작디작은 아이가 어느새 내 가슴을 파고들어 고사리 같은 두 손으로 나를 꼭 안을 때이다. 내가 이마를 가져다 대면 이마를 흔들며 부비고, 코를 대면 코를 부비며 흔들어준다. 앙증맞은 아이의 스킨십과 행동들을 통해 나는 생명의 경이로움에 감탄할 수밖에 없다. 이런 생각과 동시에 내가 가졌던 다른 생각은 '왜 나는 나의 엄마와 이렇게 가슴 뜨거워지는 정서적 상호작용을 한 기억이 없는가'였다.

요즘 매일 아침 나는 익숙하지 않은 장면을 목격하곤 한다.

"와, 누가 이렇게 예쁘게 머리를 해줬어?"

"그야 할머니지!"

아이에게서 '그야 할머니지'라는 소리를 듣는 것이 나는 싫지가 않다. 그래서 알고 있지만 그 대답이 확실히 듣고 싶어 뻔히 알고 있는 사실에 대해 모른 척 물어보곤 한다. 사실 나는 어렸을 때 엄마가 내 머리를 곱게 빗겨주거나, 묶어줬던 적이 거의 없었다. 그래서 내 머리 모양은 내 손으로 직접 머리를 매만질 수 있게 되기 전까지 거의 짧은 커트나 단발인 때가 많았다. 내심 그때가 서운했던 것일까? 나도 모르게 순간 이런 말이 튀어나왔다.

"와, 하윤이는 좋겠다. 할머니가 머리도 묶어주고, 엄마는 그렇게 안 해줬었는데."

나의 어린 시절 엄마는 자주 아팠고 병원에 입원하는 날도 많았다. 그게 아니면 농사일로 새벽부터 매일 바빴기에 여느 엄마들처럼 등교하는 딸의 머리나 만져주고 있을 처지가 되지 못했던 것이다. 나의 서운해하는 이 말을 들었는지 듣지 못했는지 엄마는 아무런 반응도 하지 않았다. 하지만 나날이 아이의 머리에 묶이는 고무줄 색깔이 다양해지고, 조금 더 복잡한 머리 땋기와 묶기를 여러 갈래로 나눠서 해주는 식으로 공을 들이는 걸 보니 내심 '엄마도 나에게는 해주지 못했던 것에 대한 미안한 마음이 있었던 깃은 아닐까' 하는 생각을 해본다. 그리고 그것에 대해 엄마가 선택한 보상 행위의 대상이 바로 외손녀딸이 된 것은 아닐까도 짐작해본다.

나는 가끔 아이의 머리를 빗기고 묶을 때면 늘 내 어린 시절이 함께 떠오른다. 그렇다면 엄마는 어떨까? 엄마도 어린 손녀딸의 머리를 빗겨주며 당신의 딸을 기억하고 계실까? 나와 비슷하게 어린 시절을 기억하는 사람이 있었다.

"학교 다닐 때 비 오는 날이 싫었어요. 다른 친구들은 엄마가 우산을 가지고 마중 나오는데 저희 엄마는 마중 나온 적이 단 한 번도 없었어요. 그러면 그냥 비를 맞고 뛰어가거나 망가진 우산이라도 주워서 대충 쓰고 집으로 갔어요. 지금 생각하니 너무 슬픈 장면인 것 같아요. 엄마는 제가 학교 다닐 때부터 성인이 될 때까지 쉬지 않고 계속 일을 했어요. 그 당시 학교에서 직장을 다니는 엄마는 저희 엄마밖에 없었을 거예요. 아침마다 통근 버스를 타고 출근을 하셨는데 늘 출발시간이 다 되어 헐레벌떡 버스에 오르는 모습이 그렇게도 창피하고 그냥 보기 싫었어요. 집에서 시간 될 때까지 뭔가 일을 하다가 나오는 거거든요. 자라면서 엄마에게 사랑을 충분히 받았다거나 하는 기억이 없어요. 저에게는 그게 늘 결핍으로 다가왔고 결혼해서 자녀를 키우는 동안 나는 절대 아이들에게는 그

우리들의 엄마도 아마 부모라는 이름이 지금의 우리처럼
그저 어색하고 서툴며 미흡한 젊은 엄마였을 것이다.

런 부족함을 느끼게 하지 않을 거라고 다짐했던 것 같아요. 그래서
오히려 너무 강박적으로 아이들을 챙기는 것 같기도 하지만요. 그
래도 여전히 너무 부족한 엄마인 것 같아 늘 아쉽고, 미안한 마음이
커요. 그냥 철칙처럼 몸에 밴 것이 있다면 '난 엄마처럼 하지 말아야
지'인 것 같아요."

　사춘기 자녀를 둔 정애 씨는 엄마로부터 받은 것이 없어 늘 엄마
에 대한 원망의 기억을 가지고 살아왔다고 했다. 또한 이런 엄마를
향한 자신의 애정 결핍은 지금의 두 자녀를 양육하는 것에도 영향
을 미치는 것 같다고 했다. 사실 아이들은 엄마인 정애 씨의 지원에
전혀 불만도 없고, 요구하는 것이 없는데도 그녀는 늘 부족한 것 같
고 무엇인가 채워줘야만 할 것 같아 아이들에게 필요한 것이 없는
지 귀찮을 정도로 계속해서 묻는다고 했다. 이렇게 행동하는 것의
의미는 나는 나의 엄마와는 다른 좋은 엄마가 되겠다는 의지가 숨
어 있기 때문이라고 볼 수 있을 것이다. 그것은 훗날 자녀들에게 자
신이 그랬던 것처럼 원망의 소리를 듣고 싶지 않다는 마음도 함께
반영된 행동일 것이다.
　나도 정애 씨와 마찬가지로 가끔 어린 시절 충분히 받지 못해 아
쉬웠던 것들이 지금 아이를 통해 하나씩 실현되기를 바란다는 것을

알아차린다. 아이의 체험학습, 소풍, 체육대회 등등 학교 행사 때마다 엄마는 새벽부터 일어나 김밥과 손녀딸이 좋아하는 유부초밥까지 빠뜨리지 않고 준비한다. 나는 엄마의 이런 모습이 조금 낯설다. 그렇지만 이상하게도 불편하거나 미안하다는 생각은 들지 않는다. 오히려 무언가 다시금 보상받고 있다는 생각에 기분이 꽤 유쾌해질 때도 있다. 나는 아마 이렇게라도 부족했다고만 느끼고 살아온 엄마의 사랑을 채우고 싶었던 것인지도 모르겠다.

그런데 나와 정애 씨는 정말 성장기를 보내면서 엄마로부터 받았던 것이 아무 것도 없었을까? 엄마에 대한 나의 기억은 내가 기억하고 싶은 대로 편집되어 있다는 것을 알게 되었다. 만약 내가 심리상담을 공부하지 않았다면 나는 엄마에 대해 많은 오해 속에서 살아갔을 것이 분명하다. 난 엄마로부터 큰 사랑을 받은 적이 없다고 기억하고 있었다. 그렇다고 학대를 받거나 무관심 속에서 외로운 성장기를 보냈던 것도 아닌데 말이다. 그런데도 무언가 엄마와의 관계 속에서 애정이 부족하다고 느끼는 이유는 '사랑한다', '너 덕분에 기쁘다', '네가 엄마 딸인 것이 자랑스럽다' 또는 흔한 '고맙다'라는 말조차도 자주 들은 기억이 없기 때문이다. 그야말로 살가운 정서 표현이 없었고, 그랬기에 나와 또 정애 씨는 서로의 엄마로부터 그다지 큰 사랑을 받은 적이 없다고 생각해버린 것이다.

이렇게 엄마에 대한 단편적인 기억을 가지고 있던 어느 날 나는 상담 공부를 하며 집단 워크숍에 참여했던 적이 있다. 나는 거의 1시간 30분쯤 되는 긴 시간을 나와 가족 그 중에서도 엄마와 관계를 생각하고 표현해야 하는 작업에 참여해야만 했다. 처음엔 그 시간이 너무 곤욕스러웠다. 특별히 기억해낼 만한 것이 없었기 때문이다. 그런데 한참을 생각에 잠겨 있다가 어느 순간 내가 어렸을 때 목숨을 잃을 뻔한 사건 하나가 불현듯 떠올랐다. 6살 정도로 기억한다. 그때 주변에서는 이미 아이가 죽었다며 엄마를 만류했다고 한다. 그런데 엄마는 포기하지 않고, 3km나 되는 먼 시골 길을 나를 업고 이리 뛰고 저리 뛰어 결국 살려냈던 것이다. 나에게는 나를 업고 뛰었던 사람이 아빠가 아니라 엄마였다는 사실이 매우 중요했다. 그것은 아주 오래 전부터 이미 알고 있었던 사실임에도 그간 애써 생각하지 않았던 이유는 엄마를 향한 나만의 비겁한 마음 때문일 것이다.

그렇다면 나와 비슷했던 정애 씨의 엄마는 어땠을까? 우선 그녀의 아빠에 대해 간단히 들어보니 특별한 직업은 없었지만 주변 사람들로부터 인심 좋다는 소리를 들었고, 늘 본인이 하고 싶은 일, 글을 쓰거나 취미 생활을 하시며 살고 계신다고 했다. 그에 반해 엄마는 강한 생활력의 소유자였고, 쉬지 않고 일을 하셔서 정애 씨가 고등학교에 입학하던 해에는 엄마가 모은 돈으로 집을 장만했을 정도라고 했다. 나는 정애 씨의 이야기를 들으며 그 당시 엄마가 가정에서 맡았던 역할은 너무 많았고, 편히 쉴 시간은 턱없이 부족했으며 고달프셨을 것 같은데 그 점에 대해서는 어떻게 생각하는지를 물었었다.

그녀는 잠시 생각에 잠기더니 그랬을 거라고 대답하며, 그래서인지 엄마는 자주 짜증을 냈고, 매사 예민하셨으며 제대로 웃는 모습을 본 적이 지금껏 거의 없는 것 같다고 회상했다. 그런 엄마가 한 번씩 화를 내면 무척 무서웠는데, 자신도 사실은 최근까지 잘 웃지 못하는 사람이었고, 표정이 무섭다는 말도 간혹 들었다고 했다. 엄마는 웃지 않는 사람이라 생각했는데 사실 웃을 일이 없었기 때문에 웃지 못했던 것 같다며 정애 씨는 엄마가 이제 조금 편해지고 많이 웃을 수 있었으면 좋겠다고 했다. 그리고 자신과 엄마 사이 결핍된 애착 행동들이 자녀들에게 대물림되지 않기를 바라고 있었다.

연구 결과에 따르면 모녀 관계일수록 애착이 세대 간 전수된다고 한다. 이유는 엄마와 딸이 생애주기에 걸쳐 경험하게 되는 역할의 동일성 때문이다. 어린 시절 부모와의 관계에서 가졌던 애착의 경험이 성인기까지 지속되어 결혼 후 자녀 양육 방식과 애착 형성에까지 영향을 미친다는 것이다. 이것은 쉽게 사랑을 받아본 사람은 사랑을 어떻게 줘야 하는지를 알고 있다는 논리와 같은 맥락인 것이다. 그런 측면에서 우리 세대의 엄마들과 그보다 더 위세대인 외할머니들은 전쟁과 가난의 시대적 배경 속에서 애착 형성에 어려움이 있었을 것이다. 제대로 사랑을 받아본 적이 없는 엄마들이 지금 우리들의 엄마일 가능성이 크다는 것이다. 그러니 엄마들은 딸들인 우리에게 자신이 경험하지 못했던 애착 행동을 전수해주는 것이 어려웠을 것이다. 하지만 애착은 생애 초기의 경험을 토대로 형성되는 것은 맞으나 이후 아동기, 청소년기, 성인기에 이르기까지 전 생애에 걸쳐 지속적으로 경험된다는 것에 주목해야 한다. 그리고 이는 충분히 재경험과 재구조화도 가능하다.

그런 맥락에서 생각해보면, 내가 그 옛날 엄마와의 관계 속에서 누리고 싶었던 것을 누리지 못해 들었던 섭섭한 마음을 아이를 대하는 엄마의 모습에서 재경험하며 행복해하는 것처럼, 엄마 또한 충분히 표현하지 못했던 사랑과 엄마로서의 역할을 그렇게 인정받기를 원하는 것은 아닐까? 이렇게 우리 모녀는 함께 살며 불편하게 부딪힐 일도 많지만 그동안 서로에게 주고받지 못했던 정서적 반응들을 지금이라도 할 수 있으니 이 얼마나 다행인가 싶다. 우리를 키울 당시 우리들의 엄마도 아마 부모라는 이름이 지금의 우리처럼 그저 어색하고 서툴며 미흡했을 것이다. 오히려 지금보다 육아에 대한 지식도 정보도 없었던 때라 많은 부분에서 잦은 실수를 반복했을지도 모르겠다. 할머니가 되어 다시금 주어진 육아의 현장에서 그때처럼 실패하고 싶지 않은 마음이 엄마에게도 있을 거라는 생각을 가져본다.

나는 어쩌면 생애 초기 또는 아동기까지 조금은 부족하다고 느꼈을 애착 경험을 나와 엄마와 딸, 3대가 함께 사는 일상을 통해 새롭게 경험하고 있는 것인지도 모르겠다. 그러니 결국 한 개인의 인생 경영에 있어 매우 중요한 애착도 '끝날 때까지 끝난 것이 아니다'라는 것이다. 그렇게 생각하니 '사랑을 받은 기억이 전혀 없어요'라며 엄마와의 관계 자체를 부인했던 정애 씨도 다시금 엄마와 새로운 애착을 형성할 수 있겠다는 희망이 보인다.

모녀 애착의 세대 전수

볼비(Bowlby)는 애착을 요람에서 무덤까지 인간을 특징짓는 요인이라고 했다. 영아기 때 형성된 양육자에 대한 애착이 전 생애 동안 계속되고, 어머니가 지니고 있는 애착의 경험적 특성에 따라 자녀양육방식과 애착행동양식도 결정된다고 하는 애착의 대물림을 주장했다.

이러한 볼비의 주장은 최근의 연구들을 통해 애착은 세대 간 전수된다고 밝혀지면서 더욱 뒷받침되고 있다. 즉, 개인의 양육행동은 어린 시절 부모와의 초기 경험에 의해 형성된 자아 및 부모에 대한 내적 실행모델에 영향을 받음으로써 세대 간 전수가 된다는 것이다.

영국에서 임신한 어머니들에게 그들의 영아가 생후 12개월이 되었을 때 낯선 상황에서의 애착 양식을 측정하는 성인애착면접을 실시하는 연구가 있었다. 애착양식을 안정함 대 불안정함으로 나눴을 때, 어머니와 영아 사이의 애착의 일치율은 75퍼센트에 이르렀다고 한다. 이러한 일치율은 다른 문화권과 외할머니-어머니-영아 3세대를 연구한 결과에서도 비슷한 결과를 보였다고 한다. 이것이 우리에게 시사하는 바는 개인의 적응이나 방어적 편견은 어머니를 통해 아동에게 전달될 수 있음을 의미하는 것이다.

결국 어린 시절 부모와 가졌던 애착 경험은 성인기까지 지속되어 부모로부터의 자녀 양육 행동은 물론 자신과 자녀와의 애착관계 형성에도 영향을 미치는 것으로 해석할 수 있을 것이다. 나의 불안정했던 애착을 대물림할 것인지, 나의 세대에서 멈추게 할 것인지는 엄마가 된 개인의 의지에 달려 있다.

나의 엄마가
내 아이를 돌봐준다면

세상에 처음 태어나서 했던 말 '엄마', 삶을 살아가며 크고 작은 장벽에 가로 막힐 때마다 나도 모르게 새어나오는 말 '엄마', 나는 남은 생까지 또 얼마나 많은 날들 동안 '엄마'를 부르게 될까? 또 그 소리를 나의 딸로부터 듣게 될까?

"엄마! 오늘 강의 안 가면 안 돼?"

이제 아이는 알고 있다. 엄마가 화장을 하고 예쁜 정장으로 옷을 갈아입는 날은 엄마에게 강의가 있는 날이라는 것을 말이다. 아이의 저 말이 집을 나서서 운전대를 잡고 약속된 교육 장소로 가는 내

내 귓가에 맴돌지만 나는 또 독하게 마음을 다잡는다. 사회가 바뀌었다고 한다. 여성의 사회진출은 더욱 확대되었고, 이제 여성의 목소리에도 힘이 실리는 그런 날이 밝았다고 한다. 물론 사회에서 여성의 역할이 확대된 것은 사실이다. 그런데 그보다 더 놀라운 것은 가정에서 여성의 역할은 여전히 예나 지금이나 동일하다는 것이다. 과연 누구를 위한 변화였을까? 의구심이 들 때도 있다. 어쨌든 나는 혼자서는 감당할 수 없었던 나의 육아 인생을 도와줄 구원자가 필요했다. 그것이 친정엄마였다.

최근 통계청 자료에 따르면 여성의 대학진학률은 74.8퍼센트로 남학생 68.6퍼센트보다 높게 나타나며, 여성의 취업자 중 전문가 및 관련종사자의 비율도 21.2퍼센트로 높게 나타나고 있다. 여성의 경제참가율과 사회 전문가나 관련 종사자의 비율이 높아지면서 자녀를 양육하며 일을 병행하고 있는 직장 맘의 수는 꾸준히 증가하고 있다. 사실 이렇게 활발한 여성의 사회 진출 속 이면에는 그저 한량처럼 자신의 삶을 유유자적 즐기던 남편(?)을 대신해 일터로 삶터로 쉬지 않고 뛰었던 엄마들이 있었다. 그렇게 고된 삶이지만 '그 또한 언젠가는 종착지라는 것이 보이겠지'라고 생각했던 엄마들의 희생은 좀처럼 끝날 줄을 모르고 다시금 결혼한 딸들의 육아 속으로 들어가 희생의 인생곡선 굴레를 벗어나지 못하고 있는 것이다. 그리고 이제는 힘겹게 키운 딸들을 세상 밖에 내놓기 위해 엄마들은 다시 자녀의 육아를 도맡아줘야만 하는 것이다. 이 시대 딸들은 그래서 스스로를 죄인이라 말하기도 한다. 나 또한 죄인이 되기로 했다. 내가 일을 하는 동안 정서적 위기 속으로 내몰릴 내 딸을 생각하면 그깟 죄인이야 몇 번이고 기꺼이 될 수 있었다.

엄마는 무슨 일이 있어도 자신의 노년에 손자녀를 돌보는 일은 없을 거라고 입이 닳도록 말했었다. 평생을 고향지역에서 벗어나본 적이 없었던 엄마였다. 낯선 도시에서 제2의 삶을 시작한 엄마의 말동무 상대는 고작 짧은 단어 두어 개를 붙여서 말을 하기 시작한 만 2세의 손녀딸이었다. 엄마는 간혹 자신의 신세를 이 말에 빗대어 말하곤 했다.

"옛날부터 누구든 밭 멜래? 애 볼래? 하면 밭 멘다고 대답하지, 애 본다는 사람은 없었다."

그만큼 애 보는 것이 힘들다는 것이다. 왜 모르겠는가? 늘 고마우면서 죄송한 마음을 함께 가지고 있다. 그러나 그런 애처로운 마음은 어느새 내 아이에 대한 마음 뒷전으로 밀려나버린다.

그렇게 많은 친정엄마들은 딸의 육아 전쟁에 뛰어든다. 그러나 어느새 딸의 마음속 순위에서 밀려나버린 엄마의 시간들, 그런 엄마의 일상에는 아이러니하게도 딸과 또 그 딸의 자녀들로 채운다.

현대인의 우울과 불안 치료에 효과적인 CBT(인지행동치료)는 사람들이 겪는 문제의 가장 큰 줄기는 결국 '사랑'과 '인정'으로 인한 것이라고 말한다.

사실 인간은 누구나 본질적으로 자신의 존재 가치를 타인을 통해 확인하고 싶어 하는 욕구를 가지고 있다. 그것은 타인의 관심과 격려를 통해 또 스스로가 가지고 있는 능력 발휘를 통해 드러난다. 친정엄마로부터 육아를 구원받은 딸은 마음껏 자신의 능력 발휘를 할 수 있는 기회를 얻고, 타인으로부터 인정받는 날들이 많아진다. 자연스럽게 주변의 사람들은 그녀를 격려하고 축하해준다. 그녀는 자신이 사랑받고 있음을 충분히 느끼게 된다. 누구나 가지고 있다는 '인정'과 '사랑'이라는 두 줄기는 인간의 가장 큰 욕구로 삶의 순간순간 확인하며 살아가게 한다. 하지만 그 순간 딸을 마주보며 서 있는 엄마는 원하는 욕구가 있어도 그것을 당분간 드러내지 말고 내려놓을 것을 강요받는다. 그래서 엄마는 자신이 가지고 있는 사랑과 인정의 욕구를 자신의 경계 안에 있는 딸과 손주들을 통해 확인받고자 한다.

우리는 의도치 않게 할머니 손에서 자란 아이들이 버릇없다는 말을 왕왕 하곤 한다. 그것은 맞벌이로 아이와 제대로 놀아주지 못하는 부모를 그리워하는 손자녀가 안쓰러운 할머니가 아이가 해야 할

할머니가 된 엄마는 자신이 가지고 있는 사랑과 인정의 욕구를
자신의 경계 안에 있는 딸과 손주들을 통해 확인받고자 한다.

모든 것을 자신이 대신해주면서 생겨난 문제이기도 할 것이다. 할머니는 자신의 몸집보다 훨씬 큰 가방을 메고 학교까지 가는 손자녀가 가여워 가방을 들어주고, 혹시라도 성장에 해가 될까 밥을 떠서 거실이며 안방을 돌아다니는 손자를 졸졸 쫓아다니며 밥을 먹인다. 기죽지 말라며 주머니에 용돈도 두둑하게 넣어주고, 사달라는 것은 무조건 사준다. 냉장고 안도 어느새 아이가 좋아하는 것들로만 가득 채워지기 시작한다. 이유는 하나다. 이 어린아이가 너무 안쓰러운 것이다.

참다못한 딸이 아이 버릇 나빠지니 스스로 하게 그냥 두라고 말해도 친정엄마는 듣지 않는다. 오히려 딸의 저 말이 섭섭하게만 들린다. 마치 아이를 맡겨 육아를 도와달라고는 했지만 엄마의 방식이 아이의 교육에는 도움이 되지 않으니 빠져달라는 것처럼 들리는 것이다.

"지 시어머니한테는 한 마디도 못하면서 만만한 게 나지."

"그렇게 잘났으면 네가 키우지, 왜 맡겨?"

그런 뜻이 아니라고 뒤늦게 설명하지만 친정엄마의 화는 쉽게 풀리지 않는다. 그것은 자신의 존재 이유가 위협당하는 불쾌한 적신호이기 때문이다. 딸은 알고 있어야 한다. 내가 갖고 있는 사랑과 인정에 대한 욕구를 친정엄마도 가지고 있다는 것을 말이다. 할머니의 과잉보호로부터 아이의 독립심을 키워주고 싶다면 할머니의 독립심을 먼저 키워주면 된다. 자신의 존재 가치를 타인의 인정과 사랑으로만 확인받았던 사람은 그것이 빠져 나가는 순간 자신을 알맹이는 빠져나간 빈껍데기처럼 초라하게 인식한다. 할머니가 무조건적으로 쏟고 있는 아이에 대한 관심을 조금씩 분산시켜줄 수 있어야 한다. 스스로가 아직도 멋지게 건재한 사람이라는 것을 자주 느낄 수 있도록 돕는 것이다.

나 또한 비슷한 경험이 있었다. 무엇보다 연고가 전혀 없는 도시 생활의 적막함이 엄마에게는 가장 큰 어려움이었던 것 같다. 딸의 가족 외에 다른 인간관계를 만들어주는 것이 필요했다. 나는 엄마에게 동네에 있는 국민 체육센터를 소개해줬다. 엄마는 헬스와 수영을 등록했고, 그렇게 딸과 손녀딸에게 집중되어 있던 엄마의 에너지는 조금씩 외부로 분산되기 시작했다.

수영을 배우며 강사가 건넨 "그 연세에 젊은 사람들보다 더 지치지 않고 잘하세요?"라는 말, 함께 운동을 다니는 아주머니들로부터 들었던 "언니는 어쩜 이렇게 피부가 좋아?", 그뿐인가? 손녀딸에게서 "할머니가 최고지"라는 말을 들은 날은 몇 번이고 반복하여 그것을 자랑하는 엄마를 보곤 한다. 언젠가 한 5일 정도 남편과 나, 아이 이렇게 셋이서만 캠핑을 갔던 적이 있었다. 아이는 시키지도 않았는데 집에 있을 할머니에게 전화를 걸어 이렇게 말을 했다고 한다.

"나~할머니가 해준 밥이랑 반찬 먹고 싶어. 할머니가 해준 것이 제일 맛있는데…."

5일 간의 캠핑을 마치고 집에 도착했더니 식탁 위로 새로 만들어진 김치와 밑반찬이 여섯 가지나 올라와 있었던 것으로 기억한다. 엄마는 호탕하게 웃으며 이렇게 말했었다.

"하윤이가 할머니가 만든 음식이 제일 맛있다 안 하냐. 엄마가 만든 것은 맛없다고(하하)."

그러더니 나를 보고 무언가 통쾌한 웃음을 웃어 보이기도 하셨다. 그렇게 처음은 다른 사람들로부터 받은 관심과 인정을 통해 자기 자신에 대한 새로운 인식을 할 수 있는 기회를 만들어가는 것이 필요하다.

수영은 물론 얕은 물에서조차 뜨지 못하는 나는 엄마를 향해 "아시아의 물개였네~. 조금만 젊었으면 수영 국가대표 선수하자고 연락 왔겠어", "30년이나 젊은 나보다 엄마 피부가 더 좋아. 최고야"라며 엄마가 좋아하는 칭찬의 말을 듬뿍 하기도 한다. 엄마와 함께 살게 되면서 알게 된 새로운 사실 중 하나는 엄마는 누구보다도 타인으로부터 받는 인정과 칭찬을 좋아한다는 것이다. 엄마는 결혼 전까지 자신에 대해 외모를 가꾸고 치장하는 것에도 관심이 많았던 꽤 멋쟁이였다고 했다. 그러나 결혼 후 농사일을 하며 그저 농사꾼으로만 살아야 했기에 타인으로부터 주목받을 일은 거의 없어졌다고 했다. 그런 엄마가 다시 사람들에게 작지만 주목받으며 칭찬을 받기 시작하면서 스스로 자신이 아직 할 수 있는 일도 많으며, 괜찮은 삶을 살고 있음을 인정하는 눈치다. 모든 삶의 기쁨은 인간관계에서 비롯된다고 정의한 아들러의 말에 다시금 깊게 동의할 수밖에 없는 경험이기도 했다. 엄마의 인간관계 경계는 점점 커지고 있다. 이제는 다른 사람의 인정과 칭찬에 그렇게까지 연연하지 않는 모습이다. 자신이 즐겁고, 조금 더 마음이 편안한 종목으로 취미 생활을 바꾸고 계신 걸 보면 말이다.

고향의 시골집에서만 60년 이상을 사셨던 엄마. 고심 끝에 딸의 구원투수가 되어주기로 결심한 엄마. 물론 예상치 못한 힘든 일들도 있지만 엄마는 예전보다 훨씬 자신감 넘치는 사람이 되어 있다. 그렇게 되기까지 많은 것들의 영향을 받았겠지만 확실한 것 하나를 말해보자면 인간관계에서 받았던 '인정, 칭찬, 격려'였고 그것은 엄마 스스로가 주체가 될 수 있는 용기를 줬다는 점에서 고마워해야 할 것이다. 더불어 아이에게는 할머니가 엄마를 대신하는 양육자임을 잊게 해서는 안 된다. 할머니 손에 키워져서 버릇없는 아이가 아니라 세상의 다양한 경험을 할머니를 통해 간접적으로 경험한 아이로 자랄 수 있도록 내가 먼저 마음속 격려와 믿음을 아낌없이 줄 수 있어야만 한다.

엄마는 손재주가 좋다. 다 쓴 물건은 무엇이라도 그냥 버리지 않는다. 최근에는 아이의 몸집이 커지면서 작아져 입지 못하는 원피스로 베갯잇을 만드셨다. 헌 옷에 붙어 있던 장식품을 떼어내 헤어 악세서리를 만들기도 하고, 쓰레기통에 구멍을 뚫어 화분을 만들기도 하신다. 그런 할머니의 손재주를 옆에서 지켜본 아이는 요즘 자신의 물건 중 고장 나서 사용할 수 없거나 버려야 하는 것이 있으면 그냥 버리지 않는다. 마음에 드는 일부를 잘라서 할머니에게 리폼을 해달라고 부탁하곤 한다.

최근 우리나라 가족의 형태를 보면 예전처럼 조부모가 이차적 방어선 역할을 하는 것에만 그치지 않고 실제 일차 양육자로서 부모를 대신하는 경우가 많다. 이런 점에서 주양육자로서 조부모의 역할을 새롭게 분류하는 연구도 활발히 진행되고 있다. 콘하버(Kornhaber)와 우드워드(Woodward)에 의하면 역사적이고 문화적인 의미와 가족의 역사를 제공하는 역사가의 역할, 생활의 기초를 가르치고 지혜를 전수하고 손자녀의 성역할 정체감을 형성하게 하는 훈육자의 역할, 노화 과정, 미래의 가족관계와 조부모의 역할을 보이는 롤모델로서의 역할, 상상력을 자극하는 이야기꾼의 역할,

손자녀의 지지체계를 확장시키는 대리 양육자의 역할로 분류한다.

　나는 엄마가 내 딸을 위해 애쓰고 있는 이런 역할들에 대해 아이에게 틈틈이 설명한다. 아이가 부모뿐 아니라 할머니와의 관계 안에서 생활하며 배우게 되는 대인관계 능력도 기대하고 있다. 할머니가 오랜 삶의 경험을 통하여 습득한 지식과 지혜 그리고 시행착오는 아이를 훈육하고 양육하는 과정에서 정서적 안정과 질서를 제공하는 통로로 사용될 것이다. 또한, 이 모든 것이 아이의 성장 발달을 촉진하는 환경 요인이 되어줄 것이다. 그러니 내가 선택한 나의 구원자, 나의 엄마를 믿어주는 것이 딸들인 우리가 취할 수 있는 최선의 양육임을 잊지 말아야 할 것이다.

　나는 가끔 이런 생각을 한다. 나도 훗날 엄마처럼 나이가 들어 육아로 안절부절 못하는 딸을 보면 내 모든 것을 내려놓고 나의 딸에게 갈 수 있을까? 엄마처럼 희생할 수 있을까? 단언해서 대답하는 것이 나에겐 아직 어렵기만 하다. 그때는 누구의 희생으로 다음 세대를 책임지는 것이 아니라 가정 안에서 부부가 충분히 돌볼 수 있는 사회지원 정책과 제도들이 보다 구체적으로 마련될 수 있기를 희망해본다.

조부모의 심리사회적 발달단계

2012년 전국 보육실태 조사에 따르면 맞벌이 부부 510만 가구 중 250만 가구가 육아를 조부모에게 맡기는 것으로 파악됐다. 만 2세 미만의 어린 자녀의 경우 시설 보육보다 개별 보육을 선호하는 것으로 나타났다. 조부모가 양육에 참여할 경우 조부모와 갖는 여러 가지 상호작용은 손자녀의 심리적 적응, 정서적 안정감, 정서 지능 발달에 중요한 영향을 미치고 있다.

에릭슨(Erikson)의 심리사회적 성격발달 8단계를 보면 손자녀 양육을 맡고 있는 조부모는 마지막 8단계 65세 이상의 노인기라 볼 수 있으며, 이 시기의 심리사회적 위기와 과업은 자아통합감을 형성하는 것이라 했다. 지금까지 살아온 자신의 생애를 돌아보며 가치 있는 삶이었는지 회상하고, 그렇지 않을 경우 절망감에 빠지기도 한다는 것이다. 일반적으로 노인기를 맞이하는 조부모의 경우에도 직업에서의 은퇴나 역할상실, 역할축소를 경험하며 무기력과 우울감을 느끼게 된다. 그러나 손자녀 양육을 맡은 조부모의 경우 역할 참여 기회가 늘어나면서 삶에 대한 만족도가 높아지고, 자녀 및 손자녀와의 성공적인 상호관계는 심리적 통합감 형성에 긍정적 영향을 미치게 된다.

서로에 대한 이해와
믿음을 전제로 한 소통법

아이가 어렸을 때 '섬집 아기'라는 동요를 자장가로 자주 불러주곤 했습니다. 부를 때마다 '이 집 아기는 너무 가엽다, 혼자서 외롭겠다'는 생각이 들더군요. 가사를 살펴보면 이렇습니다.

엄마가 섬그늘에 굴 따러 가면

아기가 혼자 남아 집을 보다가

바다가 불러 주는 자장 노래에

팔 베고 스르르르 잠이 듭니다.

그런데 몇 해 전 우연히 이 동요의 2절을 읽어볼 일이 있었습니다. 저는 조금 놀라기도 했고, '나는 왜 그동안 이 노래를 숱하게 불렀지만 2절에 대한 의문을 품지 못했을까?'라는 생각이 들기도 하더라고요. 노래 가사를 보니 시대적 배경은 달라졌지만 나를 포함한 주변의 많은 직장 맘들의 삶과 다를 바가 없다는 생각이 들었거든요. 2절 가사는 이렇습니다.

아기는 잠을 곤히 자고 있지만
갈매기 울음소리 맘이 설레어
다 못 찬 굴바구니 머리에 이고
엄마는 모랫길을 달려옵니다.

엄마가 되어 일을 하며 아기를 키워 본 사람이라면 절로 고개가 끄덕여질 수밖에 없을 겁니다. 그래서 저 불안한 상황을 길게 갖는 것은 엄마와 아기 모두에게 좋지 않을 것이라고 판단한 엄마들이 SOS를 보내는 것이 바로 친정엄마입니다. 저도 제 딸이 3살 때 도저히 육아와 일 병행이 어려워져 친정엄마에게 도움을 청해서 6년째 함께 생활하고 있습니다. 그런데 저를 비롯한 딸들의 마음이 참 간사하죠. 딱 이 속담만큼 말이죠. 우리 속담에 사람 마음이 바뀌는 것을 가리켜 '화장실 들어

갈 때 다르고 나올 때 다르다'라고 하는 말이 있습니다. 나 힘들 때는 당장 무슨 일이 일어날 것처럼 엄마를 불렀지만, 엄마의 구시대적인 육아 방식으로 매일 전쟁을 치릅니다.

"이유식은 유기농으로 사라니깐."

"학교에서 돌아오면 숙제부터 좀 확인해주세요."

"엄마, 애 TV 좀 그만 보게 해요."

아이가 할머니와 소파에 앉아서 아침 드라마부터 미니시리즈까지 꿰뚫고 있는가 하면, 할머니는 방송 프로그램의 시청 가능 연령은 그냥 무시해버립니다. 마음 같아서는 거실에 있는 TV를 없애버리고 싶지만 내 자식 키우자고 엄마의 유일한 즐거움을 뺏는 것도 못할 짓인 것 같아 스트레스를 누르며 참아봅니다. 그런데 딸만 이렇게 스트레스를 받을까요? 오히려 애 엄마는 아이를 그저 아이답게 '공부 좀 해라'라는 소리로 스트레스 주지 않고 키우고 싶지만, 친정엄마는 애를 바보로 만들려 하느냐, 요즘이 어떤 세상인데 영어 공부는 시켜야지, 학원을 왜 한 군데 밖에 안 보내냐 등 손자 손녀의 육아에 집착하며 훈수를 두기도 합니다.

그런데 이 상황 속에는 두 명의 엄마가 있어요. 일하느라 제대로 놀아주지 못해 늘 미안하고 죄인인 것만 같은 엄마와 경제적으로 여유가 없어 공부하고 싶다던 딸을 제대로 지원하지 못해 한 맺힌 엄마입니다.

누가 좋은 엄마라고 딱 잡아 말하기 어려운 것 같아요. 이럴 때는 무엇을 볼 수 있어야 할까요? 본질입니다. 해주고 싶지만 마음껏 다 해주지 못해 늘 미안한 엄마의 마음 말입니다. 그렇게 딸은 친정엄마를, 또 친정엄마는 딸을 볼 수 있어야 합니다. 우선은 무엇인가 못마땅한 상대의 행동을 멈추게 하는 것에 목적을 둘 것이 아니라 '왜? 저런 말을 하고 싶었을까? 무엇의 결핍이 동기가 되었던 것일까?' 한 번 더 생각해줄 수 있다면 공감으로 서로는 연결될 것입니다. 그런 다음 '~안 돼요, ~하지 마세요, ~해라' 등의 비난과 강요로 상대의 행동을 멈추려 하지 말고 '~해보면 어떨까요?', '그래줄 수 있어요?'라는 부탁의 언어를 사용해 점차 바뀔 수 있도록 도울 수 있다면 어떨까요?

"애 시력이 나빠질까 걱정이 돼서 그러는데 TV를 볼 때 주의시켜주면 어때요?"

"요즘 먹거리를 믿을 수 없어서 이런 음식은 유기농으로 하면 좋을 것 같은데 어떨까요?"

엄마는 언제든 딸의 지원군으로 딸의 말을 공감해주실 거라고 믿는 겁니다.

"애가 집에 있으면 자꾸 TV를 보는데 내가 통제할 수 없으니 학원을 보내는 것은 어떠니?"

이렇게 대화를 하다보면, 자식에 대한 걱정에서 시작된 엄마의 의견이니 딸은 엄마의 말을 소중하게 들을 거예요. 이것은 '충분히 들어줄 것이며, 기꺼이 행해줄 것이다'는 믿음만 있다면 가능합니다.

PART 3

어두운 기억 속에
엄마가 남아 있을 때

내 불행은 엄마 때문이라는 생각

_ 드라마 '디어 마이 프렌즈' 중에서

2016년에 tvN에서 방영된 이 드라마를 보며 참 많이 울었던 기억
이 난다. 주인공의 대사를 통해 내가 부인하고 싶었던, 딸로서 엄마
에게 품지 말았어야 하는 비열한 마음을 매회 들켜버리고 있다는 생
각이 들었기 때문이다. 그리고 나는 내 마음이 '비열했구나'라는 단어
에 꽂히게 되었다. 비열하다는 말의 사전적 의미는 사람이 하는 짓이
나 성품이 천하고 졸렬하다는 뜻이다. 나는 한 번도 내 성품에 대해
내 행동에 대해 저렇게 날것으로 표현해본 적이 없었다. 그러니 '비
열'이라는 단어가 내게 준 충격은 그야말로 큰 것이었다.

남편의 외도로 이혼 후 홀로 식당을 운영하며 하나뿐인 딸 박완을 뒷바라지 했던 엄마였다. 그러니 자신의 고달픈 인생을 딸 완에게 보상받고 싶어 하는 것이 엄마에게는 어쩌면 당연한 이치라고 생각될 수 있을 것이다. 이런 엄마의 마음을 알기에 완은 그저 착한 아이로 엄마가 요구하는 대로 자신의 삶을 살아왔다. 그런데 지금에 와서 엄마로부터 분가해 혼자 사는 딸이 못마땅한 엄마는 불쑥불쑥 다 커 성인이 된 딸의 집에 연락도 없이 찾아가 이것저것 간섭하며 딸의 일상을 흐트러뜨리는 일이 점점 많았다. 엄마의 감시를 받는 것이 싫었던 완은 지금껏 착한 애로 살아줬으면 됐지, 더 이상 뭘 더 해줘야 하냐며 급기야 자신의 짜증과 속상하고 분한 감정을 엄마에게 쏟아내고야 만다. 엄마는 자신의 말이라면 무조건 따르고 거스른 적 없는 딸이 이제 그만 엄마의 간섭과 통제 지배로부터 자유로워지고 싶다는 말을 하며 자신을 속물 취급하니 괘씸하기만 하다. 서로에게 분하고 억울한 감정이 오를 대로 오른 엄마와 딸은 급기야 서로를 비난하는 말들로 각자의 상황을 변명하는가 하면, 나는 맞고 너는 틀렸다는 이분법적 사고로 자신의 생각을 합리화시키는 과정에서 상대의 삶을 무시하고 업신여겨버리는 말과 행동도 서슴없이 하고야 만다.

어느새 딸 박완에게 비친 엄마의 사랑은 가혹하고 버겁게만 느껴진다. 엄마의 말은 늘 가시가 되어 가슴을 후벼 파기 일쑤다. 무시할 수도 마냥 따를 수도 없다. 급기야 엄마에 대한 미움의 감정이 걷잡을 수 없이 돋아나기 시작한다. 엄마를 벗어나고 싶지만 벗어날 수 없는 딸, 그리고 자신처럼 딸이 살지 않길 기대하지만 그 기대와 지원이 독이 되고 있다는 것을 모르는 엄마. 그렇게 딸과 엄마는 오늘도 서로에게 씻을 수 없는 상처를 주고 만다.

어떤 사람이 하는 말과 행동이 싫어지거나 미움이 커진다는 것은 사실 내 안에 배척하며 무시해버리고 싶은, 내 자아가 가지고 있는 또 다른 부정적 요소인 그림자(Shadow)가 그 상대를 통해 느껴지기 때문이다.

완은 인생의 주체가 되어 살고 싶어 하는 여성이다. 그것은 자신이 원하는 대로 누구보다 독립적으로 사는 것이며 많이 알려진 다른 말로 '카르페디엠'을 추구하는 삶이다. 하지만 그와는 반대로 쉬는 날 없이 그저 24시간 일만 하는 엄마의 모습은 돈만 밝히는 속물 같고, 인생의 주체처럼 보이지도 않는다. 그저 딸에게 많은 것을 기대하며 보상받고 싶어만 하는 의존적인 사람일 뿐이다. 그런 엄마는 자신이 제일 한심한 인생을 산다고 치부해버리는 그런 류의 속물 같은 사람 중 한 명이라고 완은 생각한다. 그래서 그녀는 엄마를 무시하고 모른 척 살고 싶다. 그녀는 누군가와 관계를 맺고, 상대에게 무엇인가를 기대하는 것은 그를 구속하고 속박하는 것이며, 그것은 매우 질 나쁜 관계라고 생각한다. 하지만 그녀가 모르고 있는 것이 있다. 모녀 관계가 충분히 성숙한 의존의 단계로 발달하여 협력적 관계를 맺을 수 있다면, 서로가 기대하는 것을 주고받으며 교환할 수 있다는 것을 말이다. 그것이 꼭 둘 중 한 사람을 구속하거나 통제하는 것만은 아닐 수도 있는 것이다.

지금도 엄마와 딸 두 배우의 목소리 톤과 얼굴 표정까지 생생하게 기억나는 장면이 있다. 시한부 삶으로 전락해버린 엄마, 그럼에도 그저 24시간을 일에 치여 사는 엄마를 보며 속상함이 치밀어 올랐던 완은 걱정이나 위로 대신 엄마를 향한 분노의 감정을 격정적으로 쏟아 낸다. 그리고 그때 흘러나왔던 완의 독백, 사실 완은 교통사고로 장애인이 된 애인 연하를 버린 것에 대해 늘 죄책감에 시달리고 있었다. 하지만 장애인이 된 사람과 함께 살 자신이 없어 내가 버렸다고 솔직하게 말하면 자신이 속물인 것만 같았다. 그래서 완이 택했던 방법은 자기방어식 변명이었다. 자신의 의지에 의한 선택이기보다는 엄마 때문에 어쩔 수 없이 해야만 했던 선택과 헤어짐이라는 것이다. 아픈 엄마를 향해 분노하는 자신의 모습에서 완은 비열하고 비겁했던 스스로의 이기심을 발견하게 된다. 연하를 버린 자신을 용서할 수 없었고, 그것을 오로지 자기 탓이라고 하기에는 너무 힘들어 누구라도 탓하며 변명하고 싶었다는 것이다. 그리고 그것이 만만한 엄마였다고 고백한다.

드라마 속 박완처럼 성장 과정에서 자신이 누렸어야 할 권리를 누리지 못하고 누군가 때문에 빼앗기고 저지당했다고 생각하는 사람들이 있다. 그들의 의사소통 방식은 '비난'이다. 자신의 기대에 못 미치는 지금의 처지가 누군가 타인 때문이라고 하는 투사의 방어기제를 사용하기도 한다. 하지만 이들이 취하는 비난의 태도가 가지고 있는 내적 경험은 사실 '나는 외롭다.', '나는 실패자다'와 같은 소외되고, 거부당하는 것에 대한 두려움이라는 것을 우리는 알고 있어야 한다. 사실 관계 속에서 일어나는 문제에 대해 상대를 탓하는 것만큼 편한 것도 없다. 그저 '누구 때문이야'라고 말해버리는 순간 자신은 그 문제에서 자유로워질 수 있기 때문이다. 하지만 '탓'하는 것으로는 그 어떤 문제도 해결할 수 없다. 상대를 향했던 화살을 멈출 수 있을 때 진짜 자유는 허락된다.

가족 내 차별 문제를
겪어봤다면

"오빠를 부르는 엄마의 소리는 '아들'이었고, 여동생을 부르는 엄마의 소리는 '복코'였어요. 그다지 특별할 것도 없는 그 별명이 나는 사는 동안 내내 부러웠던 것 같아요. 내게도 엄마가 나를 부를 때만 있는 그런 별명이 있었으면 좋겠다는 생각을 요즘도 가끔 해요. 그런데 예나 지금이나 엄마는 여전히 나를 그냥 호적상 이름으로만 불러주더라고요. 그게 뭐라고…. 그게 가장 서운했네요."

중년이 되어버린 은미 씨는 어린 시절 오빠와 여동생에게 빼앗겼던 엄마의 사랑을 지금이라도 돌려받고 싶어 했다. 엄마가 불러주는 별명이 없어서 섭섭했던 은미 씨가 바라는 엄마의 모습은 TV 드라마에서나 흔히 볼 수 있는, 그저 자녀들에게 한없이 따뜻하고 부드럽기만 한 살가운 엄마였다. 그러나 현실 속 그녀의 엄마는 몸이 안 좋아 입맛을 잃어버린 딸에게조차 날카로운 목소리로 "그렇게 먹을 거면 들어가! 밥맛없게"라고 가차 없이 소리 지르고 비난하는 엄마라고 했다.

이런 엄마의 냉대는 지금 갑자기 겪는 일이 아니었다. 자라는 내내 은미 씨는 특별히 잘못한 것 없이도 억울한 일을 많이 경험해야 했다. 오빠가 저지른 잘못이 있으면 동생이라는 이유로 함께 끌려가서 맞았고, 여동생이 잘못했을 때는 같은 여자라는 이유로 또 끌려가서 맞았다고 한다. 은미 씨는 결국 자신을 항상 그 자리에 매달려 있는 샌드백 같다고 표현했다.

그렇게 은미 씨는 자신을 가족 안에서 '희생양'이라고 표현했고, 엄마에게 받은 정서적 학대는 여전히 풀리지 않은 앙금이 되어 자신의 가슴 한편에 숙제처럼 남아 있다고 했다. 그리고 그때의 두려움과 불안의 감정은 해소되지 못한 채, 화의 분노감을 더욱 고착시켰고, 그것은 은미 씨가 성장하는 과정에서 엄마가 아닌 다른 사람들과 관계 속에서도 동일한 패턴의 감정을 재생산해내는 데 기여하고 있었다. 자신에게 비호의적 태도의 신호를 보내오는 사람(자신의 의견을 무시하거나, 냉담한 표정과 말투를 가지고 있거나, 비난의 말을 하는 사람 등)들과 엄마를 동일시해버린 것이다.

이렇듯 성장하면서 늘 만족스럽지 못했던 엄마와의 관계는 성인이 된 딸들의 사회적응력을 망쳐 놓기 일쑤다. 여기저기 상처투성이인 그녀들을 사람들은 그저 까칠한 여자로만 기억할지도 모른다. 누구도 편하게 그녀들 가까이 다가가기를 망설인다. 그러니 그녀들 또한 인간관계 안에서 갈등의 기미가 보일 때마다 머뭇거리게 된다. 혹시라도 상대방이 자신을 떠나거나 거절할 거라는 불안감이 밀려오면 이쪽에서 오히려 더 세고, 아프게 뿌리치는 방법으로 관계를 정리하려는 경향을 갖기도 한다.

그녀들은 스트레스 상황에서 긍정적인 적응보다는 불안과 분노, 적대감, 좌절과 상실의 심리 상태에 머물러 있는 것에 더욱 익숙하기 때문이다. 공감하며 무조건적으로 받아주고, 수용해주는 지지를 경험해본 적이 없기에 20대 초기의 그녀들은 사회와의 관계 변화가 마냥 두렵고, 거부하고 싶으며 그저 골치 아픈 대상으로만 느껴지기도 한다.

엄마가 불러주는 별명을 그리워했던 은미 씨 또한 20대부터 시작된 대학과 직장 생활이 그다지 즐겁지 못했다고 한다. 특히, 관계에 있어서 은미 씨는 편하지 못했다. 좋아하는 사람이 있으면 집착하게 되었고, 그 반대의 사람은 모질게 거부하고 거절해버리는 극단적인 관계 패턴을 갖고 있었다고 했다. 은미 씨는 자신의 그런 모습이 엄마와의 관계 때문이라고 백퍼센트 장담할 수는 없지만, 자신과 가장 밀접한 관계에 있었던 사람이 엄마인 만큼 엄마의 영향이 컸을 거라고 짐작하고 있었다. 그렇다고 은미 씨의 엄마가 항상 비난과 호통으로만 가정을 이끌어가는 사람은 아니었다. 오빠와 동생에게는 너그럽고 그야말로 살가운 엄마였다고 한다. 나는 은미 씨에게 이렇게 물었다.

"만약 엄마가 오빠와 동생을 대하듯이 은미 씨를 대했다면 어땠을까요?"

그녀는 망설임 없이 답했다.

"그랬다면 저는 사람과의 관계에서 안달복달하지 않았을 거예요."

오빠와 동생에게는 애처로움과 미안함을 곧잘 표현했던 엄마지만 그녀에게는 유독 야단이 많았고, 나무라는 일이 많았다. 엄마를 떠올리면 '또 혼나게 되지 않을까?' 하는 긴장되고 두려운 마음이 항상 컸다고 했다. 자신을 늘 긴장케 하는 사람, 비난하는 사람으로 엄마를 기억하고 있으며 칭찬받은 기억이 없다면서 은미 씨는 한참을 울었다.

나는 그녀가 엄마에게 반항해본 적은 없는지 궁금했다. 은미 씨는 엄마에게 자신의 마음을 표현했던 적이 있었다고 했다. 스물네살 부터 시작했던 직장생활 동안 은미 씨는 월급 관리를 엄마에게 맡겼는데 서른 살이 되던 해 엄마에게 그간의 월급 통장을 건네줄 것을 요구해서 받았다고 했다. 그런데 그녀의 통장 잔고는 조금도 남아 있지 않았다고 했다. 어찌된 영문인지 물었지만 돌아오는 것은 오히려 엄마의 야단과 역정이었고, 좋은 소리를 듣지 못했다고 했다.

은미 씨는 다시 한 번 실망하고, 좌절해야만 했다. 성인이 되기 전 겪었던 엄마의 냉대에 대해 그녀는 그저 가정의 상황들이 어쩔 수 없이 엄마에게 부드러운 표현의 방식을 허락하지 않았기 때문이라는 이유로 받아들이고자 노력했다고 한다. 하지만 은미 씨가 성인이 되어서도 바뀌지 않았던 엄마의 차별적인 모습은 그녀를 더욱 힘들게 했다. 은미 씨는 사람에 대한 신뢰를 접어야만 했다. 그렇게 성인이 되어 사회로 나온 은미 씨는 사람과의 관계에 희망을 갖지 않게 되었고, 그저 자신이 편한 대로 짐작하고 계산하기에 이르렀다고 했다.

"나는 이것도 못하는 애."

"나는 잘하는 것이 없는 딸."

"엄마에게 쓸모없는 존재."

"세상엔 모든 것을 이해하고 받아주는 사람은 절대 없어."

"어차피 혼자 사는 세상이야."

"사람들은 모두 가식적일 뿐이고, 자기밖에 모르는 이기적인 사람들뿐이야."

　부모-자녀 애착은 영유아기에 국한되는 것이 아니라 전 생애에 걸쳐 발달된다고 한다. 그 중에서도 특히, 모녀관계의 애착은 가족 안에서 정서적 관계가 여성 중심으로 유지되고, 지속되는 우리나라 가족의 특성상 보다 큰 영향력을 가지고 있다. 실제 모녀관계에서 형성된 애착이 개인의 지각과 행동에 영향을 준다는 다양한 연구 결과들을 보더라도 '모녀관계의 애착은 딸의 자아탄력성에 영향을 미친다'라는 명제는 이제 부정할 수 없는 사실이 되어버렸다. 어린 시절부터 엄마와의 상호작용을 통해 만들어진 그녀의 '내적 작동 모델(internal working model)'은 자신을 무가치한 사람, 사랑받지 못할 사람으로, 타인은 신뢰할 수 없는 사람으로 인식하게 만들었을 것이다.

　어쩌면 내가 만났던 중년의 은미 씨는 이제라도 틀어져버린 자신과 엄마 사이 관계의 골을 정리하고 싶었던 것은 아닐까? 점점 틀어 져만 가는 지긋지긋한 관계들을 공감하고 수용하고 싶었는지 모르 겠다. 나는 그녀가 한쪽 줄만을 잡고 서서 반대편의 줄을 잡아줄 엄 마를 애타게 기다리고 있는 것만 같아 애처로웠다. 힘없이 축 늘어 져버린 줄을 잡고 온전히 자신만을 바라봐주고, 기다려줄 수 있는 사람이 반대편에 나타나기만 기다렸을 은미 씨를 생각하니 가슴 한 편이 저리고 아프다. 다행히 지금의 은미 씨에게는 엄마를 대신해 줄 수 있는 주변의 동료와 친구, 애인이 있다고 했다.

만약 스무 살 이제 막 성인이 되어 엄마로부터 독립하고자 애썼 던 그때, 그녀도 혼자가 아니었다는 것을 알았더라면 어땠을까? 우 리에게는 내려놓는 훈련이 필요하다. 더 이상 엄마로부터의 사랑을 기대할 수 없다고 판단된다면 그 관계에 집착하기보다는 '이 정도면 됐어', '너 참 고생 많았다'로 천천히 나의 기대를 거두고 현실을 받 아들이는 태도가 필요한 것이다. 그리고 그 에너지를 당사자인 엄 마가 아닌 주변 지인들에게 사용할 수 있다면 엄마로 인해 고장 나 버린 내면의 거울이 다시 움직일지도 모를 일이다. 그러니 가끔은 마음의 방향을 틀 용기가 필요하다.

"부모, 특히 어머니는 많은 해를 끼치는 사람이다."

(Bowlby, 1988)

볼비(Bowlby)는 그가 연구했던 애착이론을 통해 엄마를 통념상 가장 중요한 보호자로 받아들였다. 애착은 모든 경우 그렇다고 볼 수는 없으나 보통은 위계를 가지고 있다는 것이다. 가장 위에 어머니가 있고 아버지, 조부모, 형제자매 순으로 계층이 이루어진다고 본 것이다. 딸은 성인이 되어버린 후에야 늘 엄마의 품이 그리웠으며 자신은 그 품에서 억지로 내쳐졌다는 것을 알아차린다. 하지만 엄마 품에 대한 박탈을 느끼기도 전에 그녀를 기다리고 있던 사회는 너도 이제 성인이 되었으니 혼자 힘으로 살아가야만 한다며 감정의 억제와 함께 견뎌내는 것의 미덕만을 강요해온 것이다.

제주의 작은 카페에 앉아 글을 쓰다가 나도 모르게 고개를 들어 창밖으로 보이는 먼 바다에 시선이 갔다. 그때 그곳의 바다는 배를 품고 있었다. 검푸른 망망대해를 유유히 흘러가고 있는 작은 하얀 배를, 바다는 품고 있었다. 나는 그것이 마치 '사이좋은 모녀 관계 모습과 흡사하지 않을까?'라는 생각을 했다. 엄마의 품은 그렇게 딸의 내일을 잔잔하게 품고 있다가 바람의 도움을 받아 천천히 흘러가도록 놓아주는 품이어야 하는 것이다. 너무 꽉 안고 있어도, 너무 빠르고 세게 불어오는 바람에만 의지해서도 안 되는 그저 자연스러운 한 폭의 바다 그림으로 기억되어줘야 하는 것이다.

내적 작동 모델(internal working model)

볼비(Bowlby)에 의하면 발달 과정에 있는 아이는 애착대상과의 상호작용 경험에 대한 반복적인 유형을 기초로 해서 자신과 타인에 대한 일련의 모델들을 쌓아 놓는다고 한다. 아이들의 애착행동은 주로 생애 초기에 형성되고, 안정 애착 아동은 반응을 잘하고 애정이 깊으며 신뢰할 만한 보호자, 사랑받고 주목받을 가치가 있는 자신으로 내부 작동 모델을 저장한다고 한다. 반면, 불안정 애착 아동은 세상을 위험한 장소로 인식하고 타인에 대해서도 주의해야만 하는 사람으로 간주, 자신에 대해서도 사랑받을 가치가 없고 쓸모 없다는 생각을 하도록 만든다고 한다. 이렇듯 부모와 자녀 사이 반복적으로 나타나는 애착행동은 아이에게 형성되는 것이지만, 축적된 내적 작동 모델은 일반적으로 한 개인의 인생에서 연결되는 모든 대인관계에 영향을 준다. 그리고 이것은 그의 내적 세계관인 정서(감정, 감각, 생각과 행동 경향성)를 인식하는 것에도 영향을 준다. 타인의 말과 행동, 태도를 경험하며 '~한 사람이구나'라고 단정짓거나 자기 스스로에 대해서도 평가의 기준을 가지고 가치의 한계를 규정해버리기도 한다. 엄마와의 상호작용은 딸의 긍정적 혹은 부정적 내적 세계관의 기둥이 되는 것이다.

삶이 너무 힘들었던
엄마 때문에

"친정집에 자주 가지 않아요. 친정에 가면 항상 언니들과 다툼이 생기고 기분이 언짢아져서 돌아와요. 그러면 그 중간에서 힘든 사람은 엄마예요. 전 엄마처럼 살지 않을 거예요. 아니 엄마처럼은 못 살 것 같아요."

올해로 칠순이 된 수경 씨의 친정엄마는 4명의 딸들 중에서 맏이인 큰딸이 유독 아픈 손가락이라고 했다. 네 딸들 중 막내인 수경 씨가 2살 때 집에 큰 화재가 났었는데, 엄마는 그때부터 오래도록 화상치료를 위해 입원과 퇴원을 반복해야 했다고 한다. 그런데 사고가 있었던 그쯤 15살 사춘기를 보내고 있었던 수경 씨의 큰 언니는, 엄마의 고통보다는 자신이 누려야 할 것들을 엄마로 인해 제대로 누리지 못하는 것에 대한 불만과 원망이 가득했다고 한다. 엄마는 그런 큰딸의 마음을 누구보다 잘 알기에 늘 아픈 손가락일 수밖에 없었다는 것이다. 그 뒤로 큰 언니는 자신에게 엄마가 가장 필요할 때 옆에 없었다는 이유를 방패삼아 방황의 시기를 보냈고, 어린 나이에 결혼을 했지만 남편의 폭행과 외도로 이혼과 재혼을 반복했다고 한다. 엄마는 언니의 고달픈 삶이 자신 때문이라며 스스로 죄인이라 생각했다. 그러나 다행인지 불행인지 그 당시 수경 씨는 너무 어린 나이였기에 그때의 기억들이 세세하게 모두 기억나지는 않는다고 했다.

하지만 수경 씨가 기억하는 엄마의 모습은 늘 무엇인가에 위축되어 보였다고 한다. 마치 얼굴과 몸에 난 화상처럼 마음까지 검게 그을려버린 것만 같다고 했다. 점점 엄마는 그렇게 외부와 단절하기 시작했고, 수경 씨에겐 공부도 열심히 하고, 학교생활을 잘 하라고 하면서도 유독 반장은 하지 말라고 부탁했다고 한다. 반장 엄마는 학교에 갈 일이 아무래도 많을 텐데 화상 입은 모습으로 나타나고 싶지 않은 것이 이유였다. 그래서 수경 씨는 학창시절 동안 반장처럼 학급을 대표하는 일들을 하고 싶었지만 할 수 없었다. 주고 싶은 사랑이지만 마음껏 주지 못하고 거둬야만 하는 엄마의 심정을 조금이나마 짐작할 수 있기에 수경 씨는 그때만 기억하면 지금도 가슴이 너무 아리고, 목구멍에 뜨거운 화기가 느껴진다고 했다.

이제 칠십이 넘어버린 노모는 아직도 세 언니의 자녀들을 뒷바라지하는 데 일생을 바치고 있다. 언니들의 가정불화와 평탄치 않은 결혼 생활이 마치 모두 자신의 탓이라도 되는 것처럼 말이다. 그리고 딸들에게 후회의 말들을 자주 내뱉는다.

"미안하다. 내 잘못이다. 내가 이렇게 만든 거야."

더 이상은 엄마의 이런 넋두리도, 언니들의 서로를 탓하는 불평 섞인 소리도 듣기가 힘들었던 수경 씨는 친정 식구들이 모이는 자리를 자꾸 피하게 된다고 했다. 엄마는 세 딸들 중 유일하게 결혼생활을 무리 없이 유지하고 있는 수경 씨에게 수없이 타이르듯 말을 한다.

"너는 절대 잘못되면 안 된다. 무조건 참고 살아야 한다. 잘 살아야 한다."

"엄마는 너만 보고 산다. 너 때문에 산다."

"시댁에 잘해야 한다. 김서방이 하자는 대로 무조건 따르고."

이 불쌍한 노모의 안절부절못하는 마음이 가엽고, 어느 때는 화가 나 미칠 것 같다고 했다. 하지만 수경 씨는 엄마의 간곡한 부탁을 거절할 수가 없다. 그것이 엄마에게 얼마나 큰 의미인지 누구보다 잘 알고 있기 때문이다. 그래서 그녀는 숨기기 시작했다. 시시콜콜 엄마와 언니들의 이야기를 남편에게 얘기하지 못한다고 했다. 친정의 복잡한 사연이 마치 교과서처럼 완벽한 가족 모습을 보여주는 시댁에 약점으로 작용할 것만 같아서라는 것이다. 특별히 결혼 생활이 불행하다고 느낀 적은 없지만, 자신이 남편과의 관계나 자녀를 키우며 경험하게 되는 즐거운 감정 외에 서운하거나 화가 나는 것과 같은 부정적 감정에 대해서 일일이 말하는 것이 힘들다고 했다. 잠깐이라도 생길 수 있는 갈등과 그 속에서 처리해야 하는 불편한 감정을 도저히 견딜 수가 없기 때문이다. 그저 엄마 말대로 참고 견디고 있다는 것이다.

수경 씨는 지금 결혼 생활의 많은 것이 두렵고 불안하기만 할 것이다. 나의 감정에 충실하지 못하다는 것은 그 상황을 극복할 수 있는 힘이 스스로에게 아직 없다는 것을 의미한다. 회복할 수 없기에 그냥 억제하거나 회피하는 방식으로 그 순간을 넘기고 있는 것이다. 그랬을 때 그나마 숨을 쉴 수 있기 때문이다.

나는 그녀의 결혼 생활이 위태로워 보였다. 누구보다 행복할 수 있는 요소들이 수경 씨에게는 너무도 많았다. 따뜻하고 자상한 남

엄마와 딸은 강하게 서로 끌어당기기와 밀어내기를 반복하며
서로를 마주보고 사는 사이이다.

편, 귀여운 아이 그리고 안정적으로 육아를 맡아주고 계시는 시부모님, 경제적으로도 부족함이 없어 보이는 가정이었다. 오직 그녀가 느끼고 있는 이 위태로움은 시댁에 비해 흠이 많다고 인식한 친정의 상황들이었고, 수경 씨는 그것이 드러나는 순간 자신은 언니들처럼 그렇게 빈번한 갈등 속에서 살아가게 될 것이라고 생각하는 것 같았다. 그녀는 언니들의 행동에 수치심을 느꼈었다고 했다. 수경 씨는 그렇게 스스로 한참을 씹어서 넘겨야만 소화되는 음식을 충분히 씹지 못하고, 무슨 맛인지 느낄 틈도 없었다. 그저 엄마가 꿀꺽 넘기라고 하니 싫지만 엄마의 화가 무서워서 또는 엄마를 실망시키고 싶지 않아 싫은 내색 한번 하지 못하고 무의식적으로 삼키며 살아왔다. 이것은 엄연히 수경 씨의 것이 아니라 엄마 삶의 방식이고, 선택일 뿐이다. 다만 수경 씨는 그것을 알지 못했다.

수경 씨가 학교에서 좋은 성적을 받아올 때면 엄마는 뛸 듯이 기뻐했다고 한다. 수경 씨는 엄마의 환한 미소를 여전히 기억하고 있었다. 그리고 어떻게 해서든 엄마에게 그 웃음을 되돌려주고 싶다고 했다. 그렇게 자신의 의지와는 무관하게 '내사(introjection, 행동이나 사고방식에 악영향을 미치는 행동방식이나 가치관)'가 되어버린 엄마의 규칙들은 수경 씨에게서 감정의 자유를 앗아버린 것이다. 그러니 엄마처럼 살지 않겠다는 수경 씨의 다짐은 어쩌면 그녀 스스로 엄마처럼 살아낼 수 없음을 알기에 뱉을 수 있는 말이었으리라.

이제 수경 씨는 알아야만 한다. 자신이 생산해내는 감정들은 그렇게 무시하고 모른 척하면서 누군가를 위해 무조건 희생할 수 있는 종류의 것이 아니라는 것을 말이다. 그녀가 먼저 행복해야만 그토록 지키고 싶은 가정과 아이가 행복할 수 있다는 것을 인정해야 한다. 엄마의 감정과 동일시해버린 자신의 감정을 이제 아프지만 조금씩 분리해서 볼 수 있어야만 한다.

엄마의 무조건적인 희생과 참고 견뎌내는 방식은 더 이상 아름다운 모성으로 해석되어지지는 않는다. 그러니 엄마처럼 살 수 없다는 말은 엄마의 희생을 치하하면서도 나는 그것을 감당할 자신이 없다는 말이기도 한 셈이다. "내가 너희들을 위해 얼마나 많은 것을 포기하면서 살았는데"라고 말하는 엄마에게 성인이 된 딸은 말할 것이다.

"그러게 누가 그렇게 살아 달라고 했나? 제발 그렇게 살지 마세요."

중년 혹은 노년의 엄마는 이 말이 서운할 것이다. 아니 듣고 있자니 아프기도 할 것이다. 왜 그렇지 않겠는가? 하지만 우리는 이 말을 끝까지 들어볼 필요가 있다. 그 시대 엄마들은 고단한 여자의 일생을 그저 숙명처럼 받아들이는 것만이 최선이라고 믿고 살아온 사람들이다. 이제 그렇게 살지 말라는 딸의 말은 더 이상 엄마를 걱정하거나 엄마를 위해서 하는 말만은 아니다. 그 말 속에는 "나에게 당신처럼 살라고 강요하지 마세요. 나는 내가 꿈꾸는 것을 위해 살 것이고, 누구를 위해 내 인생을 헛되이 희생하는 일은 없을 거예요. 난 엄마보다 더 행복하게 살게요"라는 어쩌면 단호한 딸의 의지가 숨어 있는지도 모를 일이다. 왜? 무엇 때문에 그렇게 바보같이 살았느냐고 그저 비난하고, 업신여기는 것이 아니다. 성인이 되어버린 딸은 누구보다 강하게 엄마와 정서적 유대감을 형성하고 있다. 더 이상 품 안의 자식이 아니어서 할 수 있는 말이 아니라 누구보다 강렬하게 엄마의 고통스러운 인생곡선을 생생하게 옆에서 지켜본 자식이기에 감히 할 수 있는 말인 것이다.

엄마와 딸은 강하게 서로 끌어당기기와 밀어내기를 반복하며 서로를 마주보고 사는 사이라고 생각한다. 엄마도 딸의 인생은 자신이 살아온 삶과는 다르기를 바랄 것이다. 물론 그 시대 엄마들 중에도 행복한 삶을 잘 꾸려온 엄마들까지 적용되는 보편적 이야기는 아니다. 하지만 어쩌겠는가? 그 시대 엄마들의 내적 작동 모델은 타인보다 먼저 양보하고, 포기하며 무조건 희생하는 역할이었다. 그 몹쓸 엄마의 내적 작동 모델은 딸에게도 대물림되기를 바란 적은 없지만 알게 모르게 강요되고 있었는지도 모른다. 남녀 차별 속에서 거친 숨을 몰아쉬며 힘겹게 견뎌냈던 젊은 날의 인생 곡선을 또 다시 자신을 닮은 딸에게 부탁하고 있었던 것이다.

흔히 모녀관계는 서로를 동일시하면서 자신의 욕망을 투사하는 관계라고 한다. 그러나 딸은 엄마의 삶을 다시 살아주는 소유물이 아니다. 너만은 행복하라고 했던 말들이 어느새 아무런 걸러지는 과정 없이 내사되어 딸들이 감정을 견디고, 참는 것에 익숙해지도록 만들어버린 것은 아닌지 여자이며 엄마가 되는 우리는 살펴봐야 할 것이다.

스스로 선택한 '내사(introjection)'

성장하며 우리는 다양한 환경과 역할을 경험하고 자신에 필요한 것과 그렇지 않은 것들을 구분하여 받아들인다. 하지만 이러한 선택의 자유를 권위자인 부모나 선생님 등으로부터 제지당하게 될 경우 어리고 힘이 약한 아이들은 아무런 의문이나 거부감 없이, 부모나 선생님의 행동과 가치관이 최고의 진리인 것처럼 무비판적으로 받아들이게 된다. 이때 개인의 주관적 사고와 판단이 배제된 채 무비판적으로 받아들인 많은 규칙들은 온전히 자신의 것이 되지 못하고, 행동이나 사고방식에 악영향을 미치는 행동방식이나 가치관을 '내사'라 한다. 개인은 내사로 말미암아 고정된 부적응 행동패턴을 개발하고 습관적이고 자동화된 행동을 반복한다. 그렇게 되면 개체는 매 상황에서 발생하는 자신의 다양한 욕구에 따라 행동하지 못하고 내사된 것들의 명령에 따라 그것이 자기 자신의 삶인 줄 알고 살아가게 되는 것이다. 예컨대, 부모의 가치관이나 사회의 도덕률을 지나치게 많이 내사한 사람은 그러한 것들이 자기 자신인 줄 착각하고 내사된 규칙과 도덕적 명령에 따라서 행동한다. 그런데 그렇게 되면 불쾌하고, 부당한 일에 대처하며 사용되어야 할 공격성이 자기 자신에게 향하여 자신을 괴롭히거나, 혹은 외부로 투사되어 편집증적 공포심을 갖게 되는 문제가 생긴다.

'여자는 엉덩이가 무거우면 안 된다'라는 엄마의 규칙은 50세가 넘은 딸에게 어떤 장소에서나 무조건 먼저 일어나 허드렛일을 도맡게 만들었다. 그녀의 지친 몸과 불쾌한 마음은 타인으로부터 자신의 노고를 인정받지 못할 때 최고조로 올라왔지만, 그 또한 드러내지 않고 묵묵히 참으며 스스로 유쾌하지 않은 일들을 무조건 웃으며 해내도록 했다. 나의 말과 행동은 타인의 것이 될 수 없다. 스스로 선택하고 책임질 수 있을 때 진짜 내 것이 된다.

우리의 감정에
'이름'을 붙일 수 있다면

철학자 성 어거스틴(St. Augustine)은 세상에서 가장 오래되고 분명하고 신뢰할 만한 진리는 '우리는 행복을 원할 뿐 아니라 행복만을 원한다는 사실이다. 우리의 천성이 그렇다'라고 말했습니다. 정말 이러한 진리처럼 우리 모두는 행복해지기 위해 밥을 먹고 사람을 만나며 운동도 하고 교육을 듣고 있는 것이겠죠. 그렇다면 내 삶의 방식이 행복이 아니라 그 반대를 향해가고 있다는 것은 어떻게 알아차릴 수 있을까요? 그것은 바로 나의 감각으로 전해지는 감정의 신호를 통해서일 것입니다. 현재를 알아차리기 위해서는 반드시 매순간 자신이 느끼는 감정이 무엇인지를 정확히 인식할 수 있어야 한다고 전문가들은 말합니다. 그렇다면 과연 감정에 이름을 붙인다는 것은 무엇을 의미할까요?

'매트릭스'라는 영화가 있었습니다. 이 영화를 보지 못하신 분들이라도 아마 이 장면은 어디서든 한 번은 보셨을 텐데요. 주인공 네오(키에누 리브스)가 스미스 요원이 쏜 총알을 뒤로 몸을 젖히면서 피하는 슬로모션 장면 말입니다. 빠른 속도로 날아오는 총알이 네오에게는 아주 천천히 날아오는 것처럼 보입니다. 저는 이 영화를 보며 우리 일상의 흐름도 마치 총알의 속도만큼 빠르다는 생각이 들었습니다. 정확히 빠르게 느낀다고 해야 맞는 표현일 것입니다. 어느 날은 하루 동안 내가 어떻게 지냈는지에 대해 떠올려보는데 아침에 일어났던 장면과 잠자리에 눕는 장면만 떠오를 때도 있습니다. 물리적 시공간은 정상의 속도대로 흘러가지만 정서적으로 내가 느끼는 내 개인적 시공간의 속도는 그보다 훨씬 빠르다는 얘기입니다. 그런데 이것은 바로 브레이크가 고장 나버린 차를 운전하는 것과 같이 매우 위험한 일이 될 수도 있습니다.

쉬지 않고 계속 달리기만 하면 어떻게 될까요? 심리학에는 윤형 방황이라는 말이 있습니다. 사람의 눈을 가리거나 사막처럼 사방이 똑같은 곳을 걸으면 직선으로 가지 못하고 조금씩 축이 흔들리면서 제자리를 빙글빙글 돈다는 뜻입니다. 그런데 이 윤형 방황에서 빠져 나올 수 있는 방법은 100미터를 걸을 때마다 한 번씩 멈춰 서는 것이라고 합니다. 우리도 인생의 터널에서 내가 빛을 향해 잘 가고 있는지를 알기 위해서는 이 멈춤의 브레이크가 필요합니다. 그리고 이 브레이크 역할을 하는 것이 바로 감정 라벨링, 감정에 이름을 붙이는 작업인 것입니다. 내가 어떤 상황에 처했을 때 우리는 스스로에게 말할 수 있어야 합니다.

"내가 지금 화가 났구나."

"엄마의 말이 나의 미간을 찡그리게 했구나, 나는 저 말이 불쾌하구나."

"딸의 태도가 못마땅하구나. 나는 저 아이가 걱정이 되는구나."

"환하게 웃어주니 마음이 놓이고, 긴장이 풀리는구나. 나는 지금 안도하고 있구나."

이렇게 스스로가 느끼는 감정의 이름을 정확히 붙이는 감정 라벨링을 하면 우리의 고장 난 자동차의 브레이크가 제대로 작동됩니다. 되도록 '기쁨, 슬픔, 분노, 우울, 수치심'으로 나눠지는 감정의 종류와 강도(0~100)까지 정밀하게 이름을 붙여줄 수 있어야 합니다. 최근 한 양로원에서 딸아이가 학교 방과 후 활동을 통해 배운 마술 공연을 하기로 약속이 되어 있었습니다. 공연 바로 전날 밤, 아이는 너무 떨리고 긴장되어 잠을 잘 수 없다고 하더군요. 혹시나 그 긴장감이 너무 클 경우 오히려 좋지 않을 듯해서 저는 아이가 느끼는 감정에 대해 더욱 정교하게 확인하는 작업을 해야 했습니다.

"하윤이 너무 많이 떨리는구나? 떨리는 정도가 어느 정도인지 0~100점 중 몇 점 정도 될까?"

아이는 50점 정도라고 대답을 했고, 보다 명확히 감정의 종류를 파악해야 했습니다. 다행히 아이는 "엄마, 떨리는데 재미있을 것 같기도 해. 설레기도 하고, 그런데 너무 긴장되는 거야"라고 말했습니다. 아이가 느끼는 감정은 두렵고, 무서운 긴장감이기보다는 기대와 설레임을 동반한 긴장이었습니다. 전자라면 저는 아이가 공연에 서지 않아도 괜찮으니 긴장을 내려놓고 푹 잘 수 있도록 해야 합니다. 하지만 후자이기에 아이가 자신의 감정을 다룰 수 있도록 도와줘야 했습니다. 이렇게 어느 정도 아이가 느끼는 감정에 이름 붙이는 작업을 한 후 마지막으로 아이가 너무 긴장하지 않도록 이렇게 이야기해줬어요.

"너무 잘하려고 하지 않아도 돼. 실수해도 돼. 틀려도 괜찮아. 할머니, 할아버지들은 하윤이가 와준 것만으로도 너무너무 기쁘고 행복해하실 거야. 연습처럼 하면 돼. 그리고 공연 끝날 때까지 엄마가 옆에서 도와줄게."

그때서야 아이의 숨소리가 고르게 바뀌고 편안해짐을 느낄 수 있었습니다. 그러니 내 스스로 나의 엄마를 향한 비난과 원망의 목소리가 커질 때에도 이처럼 우리는 그 순간 내가 느끼는 감정을 피하거나 억제하기보다는 그저 느끼는 그대로의 감정에 이름을 붙여주는 것이 필요합니다.

"내가 엄마를 많이 미워했구나"라고 말하며 여러분의 눈에서 생각지도 못했던 연민의 눈물이 순간 흘러내릴지도 모르겠습니다. 그 연민은 자신을 향한 것일 수도, 엄마를 향한 것일 수도 있을 것입니다.

만성불안에 시달린 엄마,
불안을 학습해버린 딸

'꼭꼭 숨어라 머리카락 보일라~. 스물까지 셀 거야. 하나, 둘, 셋, 넷…. 열다섯, 열여섯….'

아이와 나는 집안에서 가끔 숨바꼭질을 한다. 매번 열다섯이 문제다. 이 숫자가 넘어가는 순간 긴장감은 고조되기 시작한다. 술래가 된 딸의 발자국 소리가 점점 내가 숨은 곳까지 들려오기 시작하면 나도 모르게 숨을 죽이고, 숨겼던 몸을 다시 한 번 최선을 다해 웅크리게 된다. 내 머리카락은 물론 그림자까지도 술래에게 들켜서는 안 되는 것이다. 어느 때는 내 몸집보다 비좁은 공간에 숨느라 잔뜩 온몸을 웅크려야 할 때가 있는데 한동안 그 상태로 숨어 있다가 술래에게 들켜 일어서다 보면 나도 모르게 기지개를 켜 잠깐이나마 스트레칭을 해야 한다.

숨바꼭질을 하면서도 나는 몸의 긴장감을 느꼈다. 그리고 그럴 때면 잠시나마 몸의 긴장감을 풀어주는 것을 잊지 않는다. 그래야 아픈 곳이 없어지기 때문이다. 그러나 우리들이 살아가야 하는 인생은 절대 숨바꼭질이 아니다. 평생을 긴장하며 몸을 잔뜩 웅크린 채 살아가서는 안 되기 때문이다.

평소 엄마를 떠올리면 측은한 감정이 들었다던 딸은 최근 엄마를 떠올리면서 솔직히 엄마가 너무 밉다며 눈물을 흘렸다. 선미 씨의 이야기를 더 들어보기로 하자.

"엄마는 자신의 결혼에 대해 정확히 아빠와의 결혼을 너무 많이 후회했어요. 잦은 폭행과 외도가 있었고 결국 두 분은 이혼하게 되었지만 그 후로 지금껏 아빠에 대한 분노와 적개심이 다른 모든 남자를 향하고 있더라고요. 딸의 연애와 결혼을 반대하지는 않지만 막상 남자친구를 데리고 가면 우선 의심부터 해요. 조금이라도 특이한 행동, 그게 사실 엄마 입장에서 봤을 때만 특이한 경우가 되긴 하지만요. '너 ○○에 대해서 정말 잘 알아본 것 맞아?', '엄마가 보니 걔도

폭력성이 있던데', '사귄다고 다 결혼해야 되는 것도, 결혼했다고 평생 사는 것도 아니니 언제든지 헤어져', '의심 가는 행동 하면 무조건 망설이지 말고 헤어져'라며 결혼을 전제로 만나고 있는 남자친구를 놓고 엄마는 매일 저런 말씀을 하세요. 처음에는 엄마가 걱정돼서 하는 말이니 신경 쓰지 않으려고 했는데, 너무 계속되니까 엄마가 아빠에 대한 피해 의식에서 벗어나지 못했다는 생각이 들더라고요. 그런데 사실 엄마 아빠가 왜 이혼을 했는지 남자친구도 궁금해하는데 저는 절대 말하고 싶지 않아요. 그러면 분명히 저를 떠날 거예요. 혹시 엄마가 술이라도 마시고 모두가 있는 자리에서 갑자기 아빠에 대해 넋두리라도 하시는 것은 아닐까, 가족과 함께 하는 자리가 있을 때면 너무 불안해서 온몸이 긴장돼고 정말 힘들어요."

선미 씨는 요즘 일상이 무척 행복하다고 했다. 물론 이 명제에서 엄마는 제외된다고 했다. 아직 일어나지 않은 먼 훗날 딸의 결혼생활을 벌써 비관하고 이혼의 방법을 안내하는 엄마의 상태는 만성불안에 가깝다. 늘 마음이 편하지 못하고 조마조마한 상태인 것이다. 이것은 마치 내가 아이와 숨바꼭질을 할 때 온몸으로 잠시나마 느꼈던, 긴장되어 있었던 순간과 비슷한 것이리라. 그녀의 엄마는 일어나지 않은 가상의 대상과 상황에 대해 두려움을 가지고 있었다.

보웬(Bowen)에 의하면 이러한 만성불안은 현재 처한 상황에 의해서가 아니라 성장하는 과정에서 학습되는 경우가 많다. 엄마의 결혼생활은 온통 긴장과 불안을 반복 학습하는 하루하루였다고 짐작해볼 수 있을 것이다.

선미 씨의 외할머니는 돌아가시기 전 선미 씨에게 엄마를 지켜줘서 고맙다는 말을 남기셨다고 했다. 더불어 엄마의 결혼을 막지 못했던 것이 두고두고 후회되고 미안하다고 하셨다. 그녀의 엄마는 폭행을 당하면서도 아빠를 벗어나지 못하고 아빠에게 의지하고 어떻게 해서라도 결혼 생활을 유지시키려 애썼던 모양이다. 사실 엄마의 친정은 유복하지 못했다. 외할머니는 외할아버지의 두 번째 부인이었고, 이모나 외삼촌의 결혼 생활도 그리 평탄치 못했다고 한다. 그녀의 아빠는 엄마와 사는 내내 흡족하지 않았던 처가의 사정을 비아냥거리듯이 비난하는 일이 많았다고 한다. 선미 씨의 엄마에게는 늘 그 부분이 자신을 남편으로부터 자유로울 수 없게 만드는 멍에가 되었을 것이다.

가끔 아빠의 폭행을 견디다 못한 엄마가 집을 나가는 경우도 있었는데 한 번 나가면 한 달 정도 돌아오지 않았고, 그때마다 아빠와 딸들은 엄마를 찾아 헤맸다고 했다. 한번은 아빠로부터 너무 심하게 폭행을 당한 어느 날 엄마가 아빠를 피해 또 집을 나갔고, 다른 때와는 다르게 두어 달 동안 전혀 연락이 되지 않았다고 했다. 아빠는 딸들을 데리고 엄마를 찾아다녔는데 어찌나 험악하게 운전을 하는지 선미 씨는 '차가 뒤집혀 모두 죽는 것이 아닐까?' 하는 공포심마저 들었다고 했다. 그때 엄마가 아빠를 피해 몸을 숨긴 곳은 겨우 외갓집이었다고 했다. 너무도 뻔한 숨바꼭질 놀이 아닌가? 엄마는 결국 험악한 술래에게 들켜버린 것이다.

온 힘을 다해 들키지 않으려 몸을 웅크리고 있었을 엄마를 생각하니 가엽고 안타깝다고 했다. 이성을 거의 잃은 아빠는 엄마가 집 밖으로 나올 때까지 어린 딸들에게 꼼짝하지 말고 가만히 있을 것을 명령했다. 선미 씨는 그날의 공포가 20년이 지나버린 지금도 너무나 생생하게 기억된다고 한다. 추운 겨울 꽁꽁 얼어버린 맨땅에 무릎을 꿇고 어린 딸들은 외할머니에게 "할머니, 우리 엄마 보내주세요"라며 빌고 또 빌었다고 한다.

어느 날 보게 된 일본 영화 〈기쿠지로의 여름〉에서 선미 씨는 그해 겨울날 맨땅에 무릎을 꿇고 앉아 한없이 두 손 모다 빌었던 자신이 떠올라 그 엉뚱하고 코믹한 영화를 보면서 폭포수 같은 눈물을 흘렸다고 했다. 선미 씨는 가끔 생각한다고 했다. 엄마 때문에 자신은 성장 과정 내내 행복할 수 없었던 것 같아 어느 날은 미치도록 화가 난다고 말이다. 그것은 그동안 억압했던 여러 가지 감정이 한꺼번에 엉겨 붙어버려 마치 혈관 속 혈전처럼 우리의 건강을 위협하는 심리가 되어버린 것이다.

만성불안으로 행복하지 않았던 엄마, 그리고 그런 엄마의 곁에서 불안을 학습해버린 딸. 이 모녀가 편해질 수 있었으면 한다. 긴장된 마음은 주위에 펼쳐진 세상의 많은 것들을 모두 볼 수 없게 만든다. 그저 내가 보고 싶은 것만 보고 또 보고 싶은 대로만 보려고 하는 습성을 갖게 한다. 그것은 스트레스 상황에서 우리가 정서를 인식할 때 긍정적인 측면보다는 부정적인 측면에 머무르려는 속성, 주변이 막혀 있는 터널을 달릴 때처럼 좁아진 시각을 벗어나지 못하는 '터널 비전(Tunnel Vision) 현상'을 경험하는 것과 유사하다고 할 수 있을 것이다. 불안했던 과거의 정서 시각에서 벗어나 이제는 주변 그대로를 제대로 살피고, 느껴볼 수 있어야 한다. 인생은 계획한 대로 살아지는 곳이 아니기에, 어쩌면 우리는 연습 같은 하루를 살고 있기에 '실수해도 괜찮아', '잘못해도 괜찮아'라 말하며 자신에게 친절을 베풀고, '나에게만 일어나는 일이 아니야', '누구나 겪을 수 있는 일이야'로 보편성을 인정하며, 있는 그대로를 알아차리는 마음챙김 훈련이 필요하겠다.

100미터쯤 되는 오솔길을 걷는다고 상상해보자. 길의 끝에서 누군가가 길을 걸으며 "무엇을 보셨나요?"라고 묻는다면 우리는 과연 뭐라고 대답할 수 있을까? 아마 숲길을 걸었다는 사실은 인지하고 있지만 그 속에서 내가 어떤 것을 보며 걸었는지에 대해서는 알아차리지 못했을지도 모르겠다. 그것은 생각이 숲이 아닌 다른 곳에 머물러 있었기 때문이다. 숲을 걸으면서도 처리해야 할 보고서, 발표 자료, 아이의 학교 과제물, 친구들과의 약속, 마트에서 사야 할 물건 등을 생각하고 있다면 나를 위해 피어 있었던 이름 모를 풀꽃도, 새소리도, 짙은 숲의 녹엽도 그 무엇도 아무런 감동을 주지 못할 것이다. 긴장과 바쁨으로 살펴보지 못하고 지나쳤던 주변을 천천히 하나하나 눈과 귀에 담아본다면 불행한 일뿐이라고 느꼈던 현재 지금 이곳에서도 우리는 충분히 많은 것을 느낄 수 있을 것이다. 나를 향한 햇빛 한 줄기, 바람 한 점이 때로는 세상 그 무엇과도 바꾸고 싶지 않을 만큼 깊은 감동을 줄 수 있기 때문이다.

숨바꼭질을 하다 보면 간혹 술래가 아무리 이곳저곳을 뒤져 찾아보아도 찾을 수 없도록 꼭꼭 숨어버리는 사람들이 있다. 나는 선미 씨가 숨기고 싶어 하는 그 아픈 기억들이 머리카락도, 그림자도 보이지 않게 제발 영영 숨겨질 수 있기를 누구보다 바란다. 하지만 눈썰미 좋은 술래가 찾게 되더라도 긴장하지 말고, 두려워하지 말라고 말해주고 싶다.

'그래 누구나 상처는 있는 거지. 뭐 어때. 이제 그 상처는 만져도 아프지 않은 흉터일 뿐인데, 작은 흉터 하나 때문에 내가 쓰러질 이유는 없지'라고 생각하며 흉터에 머물러 있는 시각을 흉터 주변의 말짱하게 기능하고 있는 다른 신체 조직으로 옮겨보자. 내 몸이 얼마나 나를 위해 애쓰고 있는지 이제는 그것을 먼저 볼 수 있기를 바란다.

'자기자비'를 활용한 정서조절

네프(Neff)에 의해 제안된 자기자비란 심리적 안녕감은 높이고 불안과 우울을 줄이는 것으로 '자신의 고통에 마음이 움직이고 열려 있는 것으로, 고통을 피하거나 단절하지 않으면서 고통을 경감시키고 스스로를 치유하려는 소망을 일으키는 것'으로 정의된다.

자기자비는 '마음챙김(Mindfulness)', '자기친절(Self-kindness)', '보편적 인간성(Common humanity)' 이렇게 세 가지 요소로 이루어져 있다. 마음챙김은 고통스러운 생각이나 감정에 과도하게 집착하기보다는 관찰자가 된 듯 약간의 거리를 둔 상태로 사실대로만 현상을 인식하는 것을 뜻한다. 자기친절은 스스로를 너무 비난하기보다는 자신을 스스로 이해하고자 하는 친절을 베푸는 것, 보편적 인간성은 내가 경험하는 고통이 나에게만 특별하게 일어난 일이 아니라 모든 인간이 경험할 수 있는 보편적 경험의 일부로 받아들이는 것이다.

세 요소 모두 자신이 겪는 부정적 경험에 대해 너무 감정적으로 빠지거나 2차 감정에 치우치지 않고 정신적 거리를 유지한 상태에서 심리적 여유를 만들어주는 효과를 가지고 있다. 연구에 따르면 자기자비가 높은 사람의 경우 그렇지 않은 사람에 비해 우울, 불안 및 부정적 정서를 느끼는 정도가 낮았으며, 행복, 낙천성 및 동기 수준은 높은 것으로 밝혀졌다.

너무 먼, 너무 가까운
엄마라는 존재

"엄마 잃은 어린 소년은 엄마가 너무 보고 싶은 어느 날 마룻바닥에 크레파스를 이용해 조금씩 엄마의 모습을 그려 나가기 시작한다. 그림 속 엄마는 팔을 뻗어 소년이 누울 수 있도록 팔베개를 만들어주었다. 그리고 소년은 조용히 그림 엄마의 팔을 베더니 품에 안겨 눕는다."

프랑스 가수 캐로지로(Calogero)가 부른 〈Le portrait〉의 뮤직 비디오 이야기이다. 엄마와 나는 그리 살가운 모녀지간은 아니었다.

그도 그럴 것이 고등학교부터 근교의 소도시에서 유학생활을 했던 나는 결혼할 때까지도 엄마와 떨어져 살았다. 자녀가 성인이 되어 결혼하기 전까지 부모와 함께 사는 일반적인 가족의 모습과는 조금 다른 성장기를 보낸 것이다. 그래서인지 나는 본의 아니게 독립심이 강해질 수밖에 없었다. 온 가족이 초비상 사태에 돌입한다는 고3 시절도 하숙을 하며 엄마의 보살핌 없이 학교를 다녔다. 당연히 학교생활에 필요한 모든 것들을 직접 준비해내야만 했다. 다른 지역에서 떨어져 지내며 딸이 필요한 부분 정도만을 지원해주는 역할을 했던 부모님은 그저 나를 한없이 믿어주는 것으로 딸을 향한 애정을 대신 표현해주셨다.

고등학교 때나 성인이 된 후 고향 집을 가면 엄마와 함께 잠을 자야 할 때가 있었다. 그럴 때면 엄마는 간혹 잠결에 뒤척이는 척을 하다가(내가 느끼기에는 그래 보였다) 팔을 뻗어 나를 힘껏 끌어당기고는 품에 꽉 안아주곤 했다. 나는 그 품이 싫지 않았다. 평소에 '사랑한다' 식의 소위 낯간지러운 말들로 서로에게 애정 표현을 하는 모녀가 아니었기에 아무 말 없이 잠결임을 핑계 삼아 품어 주는 엄마가 그 순간만큼은 TV 드라마 속 자상하고, 부드러운 모성애 넘치는 엄마로 느껴져 좋았다. 어찌나 세게 안았는지 몇 초 만에 숨이 막히는 지경에 이르러 곧바로 팔을 조심히 걷어 내기도 했지만, 되도록

엄마와 딸이 강하게 밀착된 융합의 상태일 경우
두 사람은 평생을 두 몸이 아닌 한 몸으로 살아야 하는
고통스러운 운명에 처해질 수도 있다.

애써 표현한 엄마의 마음이 속상해지지 않았으면 하는 바람에 숨이 완전히 막혀올 때까지 그렇게 한동안은 나를 끌어안고 있는 엄마의 팔과 품을 견디고 있었다. 그뿐이었다. 그것에 대한 감정을 서로 이야기한 적은 없었다.

그런데 엄마의 그 품이 결혼식 전날만큼은 무척이나 그리웠다. 내일이면 왠지 엄마의 품을 완전히 떠나야 한다는 생각이 강렬하게 드는 그 밤 말이다. 드라마나 영화 심지어 책을 봐도 결혼식 전날은 엄마와 딸이 함께 잠을 잔다. 혼자 자려고 누웠던 딸이 잠들지 못하고 뒤척이다 결국 베개를 끌어안고 엄마 방으로 쪼르르 달려가 엄마 품에 안겨 꺼이꺼이 목 놓아 울어버리는 그런 장면들, 나도 한번은 해보고 싶었던 그 장면이었다. 하지만 내 결혼식 전날 우리 모녀가 주고받은 대화는 '얼굴 피곤하면 화장 잘 안 받으니 빨리 자라'와 '좋은 꿈 꿔'라는 짧은 당부의 말이 전부였다. 엄마는 고향집에서 하객들을 태운 버스에 혼주로서 함께 타 예식장까지 당일 올라와야 했기에 나는 결혼한 언니 집에서 미혼의 마지막 밤을 보냈던 것이다. 만약 결혼하기 전까지 같은 집에서 여느 가정의 모녀처럼 함께 살았다면 딸을 시집보내기 전 마지막 밤, 무슨 말을 해주고 싶었냐고 한참이 지난 후 엄마한테 물었다. 엄마는 이렇게 말했다.

"뭘 뭐라고 해, 그냥 잘 살라고 했겠지."

그렇다. 나는 특별할 것도 없는 지극히 엄마다운 대답을 들었을 것이다. 그런데도 가끔 드라마를 통해 살가운 엄마와 딸이 결혼식 전날 서로의 애틋한 마음을 전하는 그런 장면이 나오면 나에게 없어 아쉬웠던 그날이 가끔 떠오른다. 아마도 그것은 결혼이 주는 부담과 책임감 그리고 원가족으로부터 분리된다는 의미가 주는 막연한 두려움과 상실의 감정에 압도되어서였을 것이라고 짐작하곤 한다.

김선미의 책 〈모녀지정〉에 보면 작가는 모녀관계를 '한 몸에서 두 몸의 여자가 된 어머니와 딸'이라고 정의한다. 그만큼 모녀관계는 모자관계를 비롯한 부모와 자녀 관계 중에서도 정서적 결속력이 가장 높은 관계임을 시사하는 대목이다. 자칫 정서적으로 엄마와 딸이 강하게 밀착된 융합의 상태일 경우 두 사람은 평생을 두 몸이 아닌 한 몸으로 살아야 하는 고통스러운 운명에 처해질 수도 있다. 즉, 관계 속에서 한 개인이 자기로 살아가지 못하고 누군가(엄마)가 원하는 방향으로 상대방에 귀속되어 자율성을 잃어버리고 감정과 사고를 분리하는 것 또한 힘든 상태가 되어버리는 것이다. 모녀 관계에서도 마찬가지다. '자기분화(differentiation of self)'가 낮은 엄마 혹 딸은 자신이 경험하게 되는 정서와 상대방의 정서가 분리되지 못하고 뒤엉켜, 다른 사람의 감정반응에 잘 지배되는 특성을 보인다. 결국 자신의 삶에 독립적이며 자율적인 주체자가 되기를 거부하는 심리적 취약성을 드러내게 되는 것이다. 만약 자기 분화가 낮은 딸이 결혼을 할 경우 그녀는 부부와 자녀관계에서 늘 불안을 경험하게 될지도 모른다.

결혼을 앞둔 미혼 여성들에게서 이러한 정서적 분리에 대한 어려움을 흔히 찾아볼 수 있다. 어느 경우는 낮은 자기분화가 원인일 것이며, 애착에 문제가 없는 경우라면 일시적으로 겪게 되는 결혼에 대한 부담감에서 출발하는 감정에 압도된 정서가 그 원인일 것이다. 나의 경우는 정확히 무엇이었을까 궁금했다. 나는 다시금 스무 살 성인이 되었던 그때의 나를 돌이켜보았다. 나는 사실 엄마처럼 살고 싶지 않았다. 그 시절 내 눈에 비친 엄마는 그저 매사 비난이 많은 사람이었다. 아침에 눈을 뜨자마자 삶을 비관하는 엄마의 한숨 섞인 넋두리를 듣는 것은 그야말로 곤욕스러운 일이었다.

나에게 스무 살은 그저 아프디 아픈 그런 날들의 연속이었다. 내가 대학에 입학했던 1995년 3월부터 그 후로 6개월간 나에게는 더 이상 주말이 되어도 돌아갈 고향 집이 없었다. 평일에는 학교 기숙사에서 지내고, 주말이면 아빠가 입원해 계신 병원의 중환자실로 가야만 했다. 교통사고로 세 번의 뇌수술을 받았던 아빠는 회복 상태가 좋지 않아 중환자실에서 일반 병실로 옮기는 데 긴 시간이 필요했고, 그동안 엄마와 나는 병원의 보호자 대기실에서 지내야만 했다. 이 시기가 아마 내가 성인이 된 후로 우리 모녀가 가장 긴 시간을 함께 보낸 때로 기억한다.

보호자 대기실에는 하루의 시간 흐름과 상관없이 아무 때고 인터폰이 울려댄다. 고요한 새벽 적막을 깨는 요란스러운 그 벨소리가 나는 죽기보다 싫었다. 심장이 떨어져 나가는 것만 같은 느낌은 무엇과도 견줄 수 없는 공포 그 자체였다. 그리고 20년 후 수술실에 들어간 엄마를 기다렸던 대기실에서 다시금 그 공포를 경험할 수 있었다. 그렇게 엄마와 나는 계절의 봄과 여름을 낯선 도시 서울의 한 병원에서 보내야 했다. 그리고 우리는 누구보다 자연스럽게 슬픔과 고통에 대한 감정으로부터 애써 무뎌지려 애쓰고 있었다.

나는 알고 있다. 강렬하게 나의 마음에 새겨진 그해 봄의 아픔만큼, 아니 어쩌면 나의 것과는 비교가 안 될 만큼 큰 크기로 엄마의 심연에 1995년의 봄은 기억되어져 있다는 것을, 또 여전히 엄마를 가만히 놔주질 않고 있다는 것도 말이다. 그리고 이 공통된 정서적 경험의 공유는 나와 엄마 사이 어쩌면 끊어지지 않는 정서적 결속의 요인이 되었을 거라고 생각한다.

엄마는 더 이상 움직이고 말하는 것조차, 말 그대로 아무 것도 혼자서는 할 수 없게 돼버린 아빠의 손과 발 그리고 생각이 되어주었다. 그렇게 아빠가 돌아가시기까지 10년을 엄마는 더 이상 누구의 엄마도, 아내도, 여자도 아닌 그저 닥치는 대로 무엇이든 해내는 기능인으로서 살아내고 있었다. 엄마는 요즘도 가끔 이런 말을 한다.

"내가 그때 너희들 학교 그만두지 않게 하려고 사람들 손가락질 다 받아내고, 지금도 그때 생각하면 부아가 치밀고, 내가 어떻게 견뎠는지 아무런 기억도 안 난다."

내가 살던 고향 동네는 작은 농촌이다. 아빠가 다친 후 우리 집 사정을 너무나 잘 아는 동네 사람들은 엄마에게 고집부리지 말고, 자식들 학교 그만 보내고 돈 벌게 하라는 얘기를 많이 했던 모양이다. 엄마는 그런 모든 것이 서글프고 원망스럽고 분했다고 했다. 그래서 그때 엄마를 곱지 않은 시선으로 봤던 사람들에게 꼭 보여주고 싶었다고 했다. 자식들이 모두 잘 되어서 잘 사는 모습을 말이다.

나는 지금도 간혹 엄마에게 미안한 감정이 들거나 혹은 반대로 엄마의 행동을 이해할 수 없을 때면 떠올리는 장면이 하나 있다. 그 장면 속 엄마를 떠올리면 어떤 경우라도 엄마를 향한 나의 비판적 생각을 고쳐먹게 되고, 엄마 편에서 무조건 항복하게 된다.

그 당시 엄마는 아픈 아빠를 대신해 모든 집안일과 농사일을 혼자서 해야만 했기에 몸의 이곳저곳 성한 곳이 한 곳도 없었고, 그렇다고 누워 있는 아빠를 둔 채 치료를 받으러 다니는 것은 있을 수 없는 일이었다. 그렇게 매일 밤 통증을 견디지 못하고 엄마는 혼자서 진통제 주사를 놓고, 또 몇 알인지도 새기 힘들 정도로 많은 양의 진통제를 입에 털어 넣고 나서야 겨우 잠이 들곤 했었다. 잠이 들기 전까지 세상과 아빠를 향해 비난과 불만을 쏟아내는 엄마의 모습을 바라보는 것처럼 힘든 일은 없었다. 그렇게 엄마를 등지고 누워 있으면 나도 모르게 눈물이 하염없이 흘러내리곤 했었다. 그런 상황에서도 어린아이가 되어버린 아빠를 원망만 하는 엄마가 밉기도 했다. 그렇지만 나는 "그만 좀 해요"라고 말할 수 없었다. 그것마저도 하지 못하면 엄마의 마음이 금방이라도 부서져 버릴까 봐 두려웠었던 것 같다. 그러니 그 미움의 감정은 아마도 무기력하게 아무것도 하지 못하는 나를 향한 것이었는지도 모르겠다.

통증을 이기지 못하고 밖으로 뻗어내는 엄마의 신음 소리와 처지를 비관하며 흐느껴 우는 소리, 아빠를 원망하는 넋두리들은 점점 더 내 감정을 신경질적으로 긁어댔고, 나는 그때마다 엄마의 이 유쾌하지 못한 소리로부터 벗어나고 싶다는 생각이 간절했다. 엄마가 가장 힘들었을 그 시기에 엄마를 마음속으로 미워했던 것이다. 나는 지금 그런 생각을 했던 내 스스로가 너무도 죄스럽고, 용서가 되지 않는다. 나는 이제야 알아차릴 수 있을 것 같다. 결혼식 전날 엄마의 그 팔베개와 숨 막히는 품이 그리웠던 것은 속죄의 마음이었나 보다. 결국 나는 끝까지 나 혼자 편해지고 싶었던 것이다. 내 마음의 무거운 짐을 털어버리고 결혼식장에 홀가분하게 들어가고 싶었던 모양이다. '그때는 내가 참 비열했구나'라는 생각이 또 다시 스친다.

그러니 나는 엄마가 그립거나, 성인이 된 후 이렇다 할 엄마와의 애틋한 추억이 고팠던 것이 아니었던 것이다. 스무 살이었던 때나 31살 결혼을 앞두었던 때나 나는 그저 이기적인 딸이었던 것이다. 이렇게 나의 그림자를 보고 나니 부끄러운 마음이 크다.

내가 스무 살이었던 그 시기는 엄마와 나의 인생 전체를 놓고 보더라도 두 사람 모두 감정의 기복이 가장 큰 시기였을 터이다. 그래서인지 우리 모녀는 겉으로는 강해 보였지만 사실은 서로에 대한 배려라 생각해 힘든 감정을 내색하지 않았고, 서로 알면서도 모르는 척 불편함을 감수한 채 여러 해를 보냈던 것 같다. '본의 아니게 서로의 정서가 분리되지 못하고 강하게 융합되어버렸던 시기가 아니였을까' 하는 생각이 든다. 또한, 그 시기가 나나 엄마나 우리 모녀의 분화 수준은 너무도 낮았던 것이 분명할 것이다.

만약 그 당시 우리의 자기분화 수준이 높았다면 나와 엄마는 서로의 감정을 그토록 지나치게 배려하지 않았을 것이다. 그리고 우린 서로가 마음껏 목 놓아 울 수 있도록 이끌었을 것이다. 솔직하지 못하고 망설였던 표현들이 결혼을 앞두고 있었던 그 날까지도 편치

못하게 만들었다. 그리고 그때 배려라 생각했던 것들이 오래도록
마치 한 몸인 것 마냥 서로의 정서를 구속해버릴 수도 있다는 것을
미리 알았더라면 좋았을 것이다.

자기분화(differentiation of self)

보웬(Bowen)은 가족체계이론을 통해 개인의 정서적 기능과 지적 기능 사이의 융합과 분화의 정도를 규정했다. 자기분화는 사고와 감정을 분리하는 정신 내적 측면과 자신을 타인으로부터 자율적으로 분리하는 대인관계 측면에서 고려해볼 수 있다. 일반적으로 자기분화 수준이 낮을수록 개인의 생활이 감정과 정서에 의해 지배되거나 가족구성원과 다른 타인의 감정에 쉽게 융합된다. 하지만 자기분화 수준이 높을 경우 불안이 증가되는 상황 속에서도 감정과 정서에 지배받지 않고 독립적으로 의사결정을 하며 자율성을 유지하게 된다. 분화된 사람은 다른 사람들이 '너'나 '우리'와 같이 요구하는 말을 하더라도 '나'로 시작하는 말을 할 수 있는 것이다. 의존적이거나 너무 독립적이지도 않으며 상호의존적 태도를 가지고 있다. 불안한 체계 속에서도 비교적 안정된 심리상태를 유지할 수 있는 능력과 자신의 선택과 감정에 대한 책임을 잘 알고 있다. 사실 완벽한 자기분화는 매우 어려우며, 다만 우리는 좋은 모녀관계를 위해 반복적인 정서 훈련이 필요한 시대에 살고 있음을 알아차려야만 할 것이다.

변화를 선택하는
용기

내일이 오늘보다 조금 낫기를 모든 사람은 바라죠.
어쩌면 내일이 있기 때문에 오늘 겪게 되는 고통의 무게를 견딜 수 있
는지도 모르겠습니다. 사실 나아진다는 것은 내가 원하는 것(건강, 돈,
일, 사람)이 충족된다는 것이죠. 좀 더 자세하게는 삶의 모습이 바뀌는
것, 변하는 것을 뜻합니다. 그런데 이 '변화'라는 두 글자가 참 어렵습니
다. 안 하던 것을 하려고 하니 여간 불편한 것이 아닙니다. 혹시 결과가
원하는 방향으로 나오지 않을까 불안해하며 걱정하고, 스트레스를 받
기도 합니다. 그래서 '살던 대로 살자'로 다시 돌아가버리는 것이죠. 이
것이 사실은 변화가 가지고 있는 속성 중 하나인 '항상성'입니다. 이는

원래대로 돌아가고자 하는 성질입니다.

그렇다 보니 헤어스타일 하나 바꾸는 것조차도 너무 큰 고민이 되어 버리죠. 사실 많은 사람들은 변화를 추구한다고 합니다. 하지만 한 번 도 경험한 적이 없다 보니 그 변화가 가져다줄 결과에 대한 걱정과 긴 장, 불안의 요소를 알기에 그냥 안주하고 싶은 양쪽의 감정을 모두 가 지고 있는 것이죠.

저희 아이는 늦은 밤이 되어서야 잠을 잡니다. 잠이 참 없는 편입니 다. 늦게 자다 보니 아침에 일어나는 것을 힘들어하고, 아이의 성장에 도 좋지 않을 거란 생각에 수면 시간을 조절할 필요가 있겠다는 결론을 내렸습니다. 다행인 것은 침대에 누워 동화책을 읽어주면 한 권을 채 읽기도 전 쉽게 잠이 든다는 점이예요. 그래서 저희 부부는 비교적 쉽 게 아이의 수면 습관을 바꿀 수 있을 거라 생각했습니다.

그런데 막상 뚜껑을 열어보니 그리 간단한 문제가 아니더라고요. 그 동안 아이가 잠이 없어서 늦게 잠을 잤던 것이 아니라 엄마, 아빠와 함 께 하는 시간이 그리워 부모가 퇴근해서 돌아오기를 기다리고, 조금이 라도 함께 놀이를 한 후 자고 싶어서 잠을 참았던 것입니다. 어린아이 가 얼마나 속상했을까를 생각하니 애처로워, 밤 10시가 되면 무슨 일 이 있어도 아이를 재우는 걸로 우선 행동 계획을 세웠습니다. 그렇게 계획을 세우고 나니 문제는 저희 부부의 귀가 시간이더라고요. 강의와 외부 일정들이 불규칙적으로 있는 저는 매일 귀가 시간이 달랐고, 남편은 직장 일이 바쁘다 보니 퇴근 시간이 늦을 때가 많았습니다. 어쩔 수 없이 두 사람 중 한 사람이라도 밤 10시 전에 귀가할 수 있도록 스케줄을 열심히 공유하고, 조절하기를 반복했습니다. 그런데 그것만으로도 부족하더라고요. 아이의 하루 일과를 봤더니 하교 후 집에 있는 동안은 바깥 활동보다는 집에서 TV를 보거나, 미술 관련 활동을 하는 경우가 많았습니다. 주로 동적이기보다는 정적인 움직임이 훨씬 많았던 거죠. 당연히 낮 시간에 활동량이 적다 보니 밤에 잠드는 것이 힘든 날도 많았습니다. 할 수 없이 육아를 도와주고 있는 할머니가 낮시간에 가까운 동네 근처라도 아이와 함께 나가고, 친구네 집을 오가게 해야 한다는 또 다른 행동 계획이 나오더라고요. 물론 그러기 위해 할머니는 그동안 익숙하게 움직이던 동선과 일정들을 조금씩 수정해야만 했습니다.

'아이를 밤 10시 전에 재우자'라는 간단해 보이는 행동 변화의 계획이었지만 이것은 단순히 행동만을 바꾸는 것으로 끝나지 않았고, 부부의 귀가 시간과 할머니의 하루 일정 조정까지 가족이 생활하는 작은 단위의 체계 변화를 요구하는 것이었습니다. 이것으로 저는 변화가 얼마나 어려운 것인지를 다시금 느낄 수 있었습니다. 만약 아이의 행동 습관만을 바꾸는 단순한 문제였다면 변화의 실천도 무척 쉬웠을 것이고 결과도 좋았을 것입니다. 하지만 이것은 체계의 변화였고 그만큼 실천도 지속하기도 어려웠습니다. 무엇인가를 포기하고 희생해야 하는 것들이 불가피하게 생기더군요. 이것은 한 사람의 변화에 국한된 것이 아니라 가족 간의 상호작용을 통한 크고 작은 조절이 꾸준히 필요했던 것이죠. 아마도 이런 예상치 못한 복잡한 조율과 희생이 뒤따르기에 기존에 유지했던 심리적으로 안정적인 패턴을 많은 사람들은 포기하지 못하고 변화하기를 주춤하게 되는 것 같습니다.

모녀지간도 크게 다르지 않습니다. 혹자는 사이가 소원한 엄마와 딸을 보며 '대화로 풀어 보세요', '딸이 양보해야지', '엄마인데 참으셔야죠'라고 쉽게 이야기할 수도 있겠습니다. 하지만 단편적으로 엄마와 딸 두 사람만 보더라도 사실 두 사람을 둘러싼 가족이라는 체계가 함께 움직이기 때문에 이러지도 저러지도 못한 채 서로가 느낀 불편한 감정들을 속이고, 억제하기를 반복할 수밖에 없는 것입니다. 그래도 우리는 모녀 관계가 잘못된 방향으로 가고 있음을 알아차리는 순간 주저하지 말고 변화를 선택해야만 합니다. 변화의 계획은 한 사람이 아니라 엄마와 딸, 다른 자녀들과 부부를 비롯한 가족이 서로 어떻게 상호작용할 것인지를 예측하여 행동에 옮길 수 있도록 만들어야 합니다. 물론 서로 간 상호작용은 우리의 예측을 자주 빗나갈 것입니다. 그때는 그 상황에서 만들어진 사실만을 그대로 수용하도록 합니다. 그리고 우리가 여기에서 기억해야 할 분명한 것은 바로 '우리가 변화를 원한다'입니다.

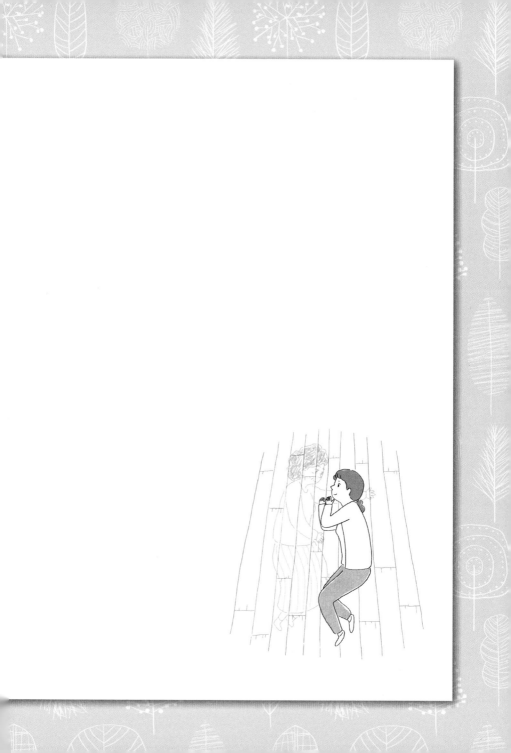

PART 4

나이 들어간다는 것, 그리고 엄마의 작아지는 뒷모습

가까운 이와의
이별을 대하는
태도

_ 영화 '애자' 중에서

    엄마는 세월을 빗겨가는 사람인 줄 알았던 때가 있었다. 아니 정확
히는 세월이 엄마를 빗겨가주길 바랐던 것이다. 그러나 모질고 힘들
었던 엄마의 시간들은 몸 구석구석 살아온 날만큼 세월의 흔적으로
남아 있다. 나이든 엄마의 희망은 결코 크지 않다. 거동도 못하게 더
늙고 아파서 천덕꾸러기가 되어 자식들 고생시키지 않고, 밤에 잠이
들었다가 아침에 일어나지 못하고 자연스럽고 편안하게 이 세상과 이
별하는 것이다. 반면 아파도 괜찮으니 제발 오래도록 우리 곁에 머물
러줬으면 하는 게 자식의 마음이다.

영화를 보며 나는 내가 아들이 아니라 딸이어서 참 다행이라는 생각을 했다. 엄마의 마지막을 적어도 근거리에서 마음으로 고스란히 느낄 수 있을 거라 생각했기 때문이다.

시한부로 긴 투병 생활에 지친 엄마는 수술을 앞둔 어느 날, 딸 애자에게 자신을 간호하는 것이 힘들지 않으냐고 물으며, 이제 그만 자신이 죽음을 선택할 수 있도록 해달라고 부탁한다. 하지만 딸은 엄마의 부탁을 들어줄 수가 없다. 힘들다는 이유로 엄마를 포기하고 싶지 않기 때문이다. 엄마는 자신이 말기암이기 때문에 수술을 받아도 목숨만 유지될 뿐이지 육체의 고통은 이어질 것이라며 애자를 설득한다. 하지만 엄마와 헤어지는 것이 너무 싫었던 애자는 백 번이고 천 번이고 간호할 수 있다며, 잠시라도 좋으니 엄마와 함께하는 시간이 늘어나기를 간절히 원했다.

힘든 치료 과정을 겪어야만 하는 엄마는 하루라도 빨리 그 고통을 끊고 싶지만, 딸은 그냥 이렇게 아무런 손도 써보지 못하고 엄마를 보낼 수가 없다. 그렇다면 이 지리멸렬한 투병의 시간은 엄마와 딸 둘 중 누구를 위한 시간일까? 가끔 우리는 영화처럼 상대가 원하는 것과는 상관없이 내 입장에서 상대의 욕구를 해결하려 든다. 그것을 마치 상대도 충분히 원하고 있을 것이라고 착각하기 때문이다. 그런데 사실 엄밀히 따져보면 그것은 상대의 욕구가 아니라 어쩌면 내 편의에

서 내가 충족시키고 싶은 나의 욕구일지도 모르며, 그것은 죽음을 앞

둔 모녀관계에서도 예외는 아닐 것이다.

　딸은 아무것도 시도해보지 못하고 그저 손 놓고 엄마의 죽음을 지

켜만 본 부조리한 사람으로 자신을 기억하고 싶지 않을 것이다. 또한

그것이 후회의 감정을 생산해 언제까지라도 자신을 괴롭힐 것이라는

것도 경험으로 익히 알고 있을 것이다. 그러기에 더욱 엄마를 그냥

보내줄 수 없는 것이다. 물론 마음의 밑바닥 저 끝에는 엄마와 헤어

지고 싶지 않은 사랑과 상실의 고통이 만져질 터이다.

　우리는 스스로 원치 않는 일을 겪었을 때 '분노-부정-타협-우울-

수용'의 단계를 거쳐 상처가 회복된다. 처음에는 왜 나에게만 이런 일

이 일어났는지 분노하고 원망한다. 그리고 '이건 꿈일 거야'로 현실을

부정한 후 어쩔 수 없는 상황이었고, 최선을 다했다는 것에 타협한

다. 하지만 때때로 몰려오는 외로움과 우울감은 한동안 지속될 것이

다. 그러다 특별히 바뀌지 않는 삶과 그 속에서 어떻게 해서든 살아

가는 자신을 알아차리며 과거가 아닌 현재를 수용할 수 있게 되는 것

이다.

　한밤중 통증으로 고통스러워하던 엄마는 결국 스스로 삶을 정리하

기 위해 주사약을 찾아 자신의 팔에 놓으려 한다. 아무 말 없이 눈물

범벅이 된 채 '안 돼'라며 고개를 가로젓는 애자의 손이 엄마의 손목

을 쥐어 잡고 놓아주질 않는다. 하지만 엄마 또한 아무 말 없이 표정으로 딸 애자를 보며 너무 아프다며, 자신을 그냥 좀 보내달라고 말을 한다.

결국 애자는 온 힘을 다해 잡고 있던 엄마의 손목에서 제 손을 천천히 떼어낸다. 나는 이 영화를 보며 '엄마의 생명은 딸이 엄마의 마음을 더하지도, 빼지도 않은 그 상태 그대로를 온전히 수용하고, 공감할 수 있을 때까지가 아닐까'라는 생각을 했다. 육체의 생명 끈을 붙잡고 있지는 않지만 온전히 마음속에 엄마가 그대로 내 곁에 남아 있다고 믿게 되는 순간 말이다.

상실과 애도를 경험하지 않아도 된다면 언제까지나 회피하고 싶은 것이 사실이다. 하지만 아무리 우리가 발버둥 쳐도 절대 바뀌지 않는 진리 중 하나가 '인간의 죽음'이니 어쩌면 삶의 일부분으로 우리는 상실과 그에 따른 애도를 늘 준비하며 살아야 하는지 모르겠다. 사실 삶과 죽음의 경계에 있는 엄마와 딸에게는 더 이상의 섭섭함도, 원망도, 미움도 하등 중요한 것이 되지 못한다. 애도의 핵심은 과거로부터 빠져 나오는 것이고, 상실의 슬픔과 고통으로부터 벗어나는 것이다. 그런데 충분히 주고받지 못한 사랑은 과거로부터 벗어나는 것을 방해하는 것이다. 돌아가신 부모를 상대로 자신의 불운을 탓하는 사람들의 경우가 여기에 속할 것이다. 결국 현재만이 나에게 다가올 미래의 상실과 애도를 준비할 수 있는 순간이 되는 것이다. 어리석게 미래를 꿈꾸지 말고 지금의 순간을 누려야만 하는 이유이다. 삶의 정수는 과거나 미래에 있는 것이 아니라 오로지 현재에 있기에.

더 늦기 전에 해야 하는,
서로의 가치를 인정해주는 말

"엄마 나 이렇게 화려한 색깔 입는 거 어색한데."

"왜? 넌 젊고 예쁜데. 이렇게 입어야지 생기도 있어 보이고 환해 보여."

채원 씨의 엄마는 간혹 이렇게 딸을 위해 옷을 사서 보내줄 때가 있다고 했다. 그런데 엄마가 보내주는 옷은 모두 화려하면서도 채도 높은 선명한 원색의 옷들이었다. 엄마는 자꾸 예쁘게 꾸미라고 채원 씨에게 조언한다고 했다.

엄마를 떠올리면 제일 먼저 펼쳐지는 이미지는 끝도 보이지 않는

망망대해 한가운데 떠 있는 유리병 속에 들어가 있는 엄마와 자신이라고 했다. 채원 씨의 엄마는 예뻐야 할 때 꾸미지 못했던 딸에게 항상 미안함을 가지고 있다고 했다. 채원 씨가 10대 때 불어 닥친 IMF 위기로 그녀의 가정 형편은 크게 기울었고, 끔찍했던 생활고는 채원 씨의 20대를 송두리째 앗아갔다고 한다. 아빠는 지방으로 일거리를 찾아 떠났고, 남동생은 군대로 도피 아닌 도피를 했다고 한다. 그렇게 가족은 뿔뿔이 흩어져 생이별을 해야 했고, 전기도 가스도 끊긴 집에 남은 사람이 엄마와 채원 씨였다.

사채업자로부터 협박 문자와 전화를 받을 때면 엄마는 무섭고 힘들다며 죽고 싶다는 말을 했고, 채원 씨는 엄마에게서 그 말을 들은 날은 잠시도 엄마 곁에서 떨어지지 않으려 애썼다 한다. 하루 종일 불안으로 안절부절못하며, 혹여 엄마와 잠시라도 연락이 안 되면 엄마가 정말 죽은 것은 아닐까 두려움과 공포로 덜덜 떨어야만 했다. 그때부터인 것 같다고 했다. 그녀는 지금도 해외로 잦은 출장을 가는 엄마에게서 연락이 안 되면 불안감이 점점 더 커져 숨을 내쉬는 것이 너무 힘들고 호흡을 편히 할 수가 없으며, 아무것도 손에 잡히질 않는다고 했다. 엄마와 멀어지는 것에 대해 강한 불안과 공포심을 가지고 있는 것이다.

"엄마 없으면 전 견디지 못할 거예요. 아마 따라 죽을 것 같아요. 제 유일한 삶의 이유거든요. 엄마와 저는 그런 존재예요. 내가 가장 외롭고 힘들었던 시기에 가장 의지하고 의존했던 유일한 존재인데, 그때 너무나 고생 많았던 엄마가 편히 살 수 있는 집도 마련해주고, 엄마가 하고 싶은 것들을 돈 걱정 없이 모두 하면서 살게 해주고 싶어요. 그래서 저는 한순간도 헛되게 살 수가 없어요. 옛날에 전기와 가스가 끊겼을 때 엄마와 함께 울면서 버텼어요. 그런 환경이라면 누구라도 저희처럼 강해질 수밖에 없을 거예요. 한번은 호프집에서 아르바이트를 한 적이 있는데 어떤 아저씨가 팁이라며 10만원을 주셨어요. 제가 받지 않자 사장님께서 딸 같아서 준 거니 받아두라고 하시더라고요. 너무 수치스러웠지만 돈이 갖고 싶었던 건지 아니면 그 아저씨가 어떤 처벌을 받길 바란 건지 모르겠지만 저는 그 돈을 받아 엄마에게 가져다주었어요. 엄마가 노발대발 화를 내며 당장 그 아르바이트 그만두라고 하면서 뭔가 저를 위해 대신 분노하며 해결해줄 거라 믿었던 거죠. 그런데 엄마는 경찰서에 신고를 하지도 노발대발 화를 내지도 않았고 그냥 그 돈을 썼어요. 그때 전 너무 많이 실망했고, 화도 났던 것 같아요. 엄마가 그 정도로 힘든가? 새삼 우리 집의 처지를 다시금 생각하게 되었고, '엄마에게 지금 중요한 것은 어떻게든 이 지긋지긋한 빚을 갚는 것이구나' 하는 생각이 드니, 저도 엄마도 우리 집의 처지도 모두 슬펐어요. 그야말로 여자가 살아가며 가장 예쁜 나이라고 하는 20대는 제 인생에 없었던 거죠. 절대 다시 20대로 돌아가고 싶지 않아요."

이제는 시간이 흘러 두 아이의 엄마가 된 채원 씨는 10대 후반부터 20대까지 약 12년의 험난했던 인생의 굴레를 엄마와 함께 이겨 낸 것에 대해 많은 의미를 부여하고 있었다. 채원 씨는 시간을 허투루 보내는 일이 절대 없다고 했다. 미래에 대해서는 늘 계획하고, 빈틈없이 열심히 살아간다고 했다. 그것은 미래에 대한 준비 때문인데 신기하게도 채원 씨의 미래에는 자신이나 남편과 아이들, 그녀의 가족이 아닌 엄마가 있었다. 자신이 준비하는 40년 후의 미래는 엄마가 살아가는 미래라고 했다. 이쯤 되면 두 사람 사이의 결속 수준이 일반적인 모녀 관계에 비해 월등히 높다는 것을 짐작할 수 있었다.

모녀 관계는 일반 다른 가족 관계보다는 질적으로 정서적 유대감과 결속력이 깊은 관계이다. 그런데 청소년기와 성인기가 시작되는 무렵 채원 씨에게는 특별한 가정의 이슈가 있었고 그 힘겨운 날들을 오로지 엄마와 함께 감당해야 했다. 이는 두 사람 사이 결속력을 더욱 단단하게 만들어주었을 것이다. 어느 측면에서는 건강한 정서체계를 벗어나 서로의 경계가 무너져 둘 중 한 사람이라도 잡고 있는 끈을 놓으면 모든 것이 파괴돼버리는, 심리적으로 강하게 융합된 상태라고 볼 수도 있겠다.

함께 사는 남편보다 자신에게는 엄마가 더 소중한 존재라고 망설임 없이 말하는 채원 씨, 남편과 사이가 좋지 않거나 가정에 문제가 있는 사람은 전혀 아니었다. 남편에게 조금 미안하긴 하지만 채원 씨는 엄마와 남편을 견주어 어느 쪽을 선택하겠냐는 질문 자체가 의미 없다고 했다. 두 사람은 고민할 여지도 없는 결코 동등한 비교 대상이 아니라는 것이다.

이렇게 엄마에 대한 애착이 남다른 채원 씨와는 달리 채원 씨의 엄마는 딸만큼 딸에게 의존하지 않았다. 오히려 자신보다 아빠와 남동생을 더욱 의지하고 챙긴다는 것이었다. 그것은 채원 씨를 미치게 하는, 도저히 수용할 수 없는 견디기 힘든 일이라고 했다. 자신이 아빠와 남동생과 동등한 대상으로 엄마에게 비쳐지는 것이 싫다고 했다. 분명 그 두 사람은 엄마의 12년 안에 없었다는 것이다. 엄마 인생에서도 가장 힘들었을 그 12년 안에는 오로지 딸이었던 자신만 있었는데 엄마는 어느새 그걸 잊은 것 같다고 했다.

엄마가 자신을 특별하게 대해주지 않는다고 생각하면 너무 속상하다고 한다. 엄마가 그래도 결국 의지할 수밖에 없는 사람은 딸뿐이라는 것을 보여주고 싶다고 했다. 이것은 채원 씨를 점점 누구의 도움도 받지 않으면서 아무리 힘들어도 혼자서 모든 것을 해결하려 하는 사람으로, 자신을 잠시라도 쉽게 내버려두지 못하고 피곤하게 끊임없이 무엇인가를 해야만 하는 사람으로 만들어버린 것이다. 채원 씨의 내면에는 두 개의 목소리가 공존하고 있을 것이다.

"지금도 충분해, 이제 좀 쉬어도 돼. 편하게 천천히 해도 돼."

"무슨 소리야. 벌써 잊은 거야? 그때로 다시 돌아가고 싶어? 더 완벽하게 잘할 생각을 해야지. 뭘 했다고 쉬는 거야."

이것은 채원 씨 안의 '~해야만 해'와 같은 규칙을 만들어 내는 자아와 '내가 진짜 원하는 것은 ~이야'라고 속 이야기를 자유롭게 뱉어 내고 싶은 자아가 서로 싸우고 있는 것이다.

채원 씨의 엄마는 딸이 여자로서 가장 예민했을 시기에 많은 것을 해주지 못해 늘 안쓰럽고, 미안한 마음이 컸던 것 같다. 그녀는 엄마에게 미안하다는 소리를 자주 듣는다고 했다. 하지만 채원 씨가 정작 엄마에게 듣고 싶은 말은 '네가 엄마 딸이어서 너무 행복해, 사랑한다'라는 말이라고 했다. 상황 해결을 위한 말이 아니라 존재 가치를 인정하는 말이 필요한 것이다. 서로의 감정을 읽어준 적 없이 '힘들었을 거야'라는 짐작만으로 충분히 표현했다고 믿고 있었던 모녀, 12년간 누구도 낄 수 없는 둘만의 끈끈한 연결의 결속이 있다고 믿고 있는 모녀, 그녀들은 이제 서로의 마음속 소리를 꺼내 놓을 필요가 있다. 자신의 감정을 시원하게 처리하지 못했다는 생각이 들면 그것은 억압의 증상이다. 이 말을 하면 엄마가 혹은 내 딸이 '아프겠지, 힘들겠지, 상처가 되겠지'로 일관하며 나의 상처는 그저 '괜찮아'로 일축해버렸다는 것이다. 내 마음속 여러 자아들의 목소리가 무엇을 말하고, 어떤 소리를 내고 있는지 스스로의 마음에 자주 그리고 많이 "정말 괜찮니?"라고 물어봐줄 수 있어야 한다. 그리고 더 늦어버리기 전에 우리는 서로에게 물어봐줘야 한다. "많이 힘들었지?"라고.

미해결된 감정을 살피는
'알아차림과 접촉'

게슈탈트 심리치료에서는 미해결 과제를 완결짓는 일을 매우 중요하게 다룬다. 수치심, 죄책감, 소외감, 불안, 분노, 열등감과 같은 근원적인 핵심감정들이 반복적으로 해결되지 못하고 찌꺼기처럼 미해결 과제로 남을 경우, 개인은 자신이 원하는 욕구를 효과적으로 충족시키는 데 실패하고 이것은 결국 심리적, 신체적 장애를 일으키는 원인이 된다. 또 그렇게 미해결된 욕구는 개인의 삶에서 항상 따라다니며 그 사람의 생각과 행동의 주된 동기가 되어버린다. 미해결 과제를 해결하기 위해서는 '지금-여기(here and now)를 알아차리는 것이 중요하다.

개인이 원하는 욕구와 감정을 알아차리고 그것을 충족시키기 위해서는 (1)상황에서 (2)개인의 욕구와 감정이 신체 감각을 통해 나타나면 (3)이것을 알아차려 떠올리고 (4)이것을 해소하기 위한 에너지를 동원하여 (5)행동으로 옮기고 (6)마침내 충족하게 되면서 심리적 불편감이 해소된다는 것이다. 이때 중요한 것은 알아차림이며 이런 이유로 게슈탈트 심리치료를 가리켜 알아차림의 연속이라고 말한다. 자신에게 집중하고 자기인식 능력이 높으며, 정서지능(EQ)이 발달한 사람일수록 알아차림은 쉬워진다. 이렇게 알아차린 자신의 감정이나 욕구를 해결하기 위해서는 용기 있는 행동과 결단이 필요한데 좋은 결과를 만들어낼 수 있는 적절한 행동은 앞서 다룬 개인의 애착경험부터 자기분화에 이르기까지 정확한 자기이해와 수용으로부터 얻을 수 있다.

엄마와 나 사이의 건강한
'거리 두기'

올해 손녀딸이 태어난 혜숙 씨는 아이 엄마가 된 딸과 '거리 두기'를 연습하고 있다고 했다. 사실 서른도 되지 않았던 딸이 결혼을 한다고 했을 때 많이 실망하고 속상했다고 한다. 젊은 시절 남편과 다퉈 우울한 일이 있거나, 시어머니의 무리한 요구로 기분이 상할 때면 혜숙 씨의 심란한 마음을 곧 잘 헤아려서 마치 엄마처럼 자신을 위로해줬던 사람이 바로 그 딸이라고 했다. 딸은 항상 자신이 원할 때 언제 어디서나 곁에 있을 거라는 생각과 자신이 요구하는 것이라면 무엇이라도 착한 아이가 되어 무조건 따를 거라는 확신이 있었다고 한다. 어느 면에서는 자신의 소유이기도 또 어느 면에서는 자신의 노후를 책임져줄 구원자로 생각했다는 것이다.

"엄마 말이면 뭐든지 다 들어주는 딸이었죠. 몸이 아프든 마음이 속상하든 저는 제일 먼저 딸에게 알렸어요. 남편보다 딸애가 훨씬 빠르게 달려왔거든요. 그냥 나랑 한 몸인 분신 같은 존재, 나는 딸을 쭉 그런 존재로 생각했어요. 그런데 애가 결혼을 하더니 '내가 언제까지 엄마한테 다 맞춰 줘야 해?' 이렇게 말하는 거예요. 그때는 너무 놀라고, 화도 났어요. 며칠 동안 잠이 안 오더라고요. 그렇게 '괘씸하네'라는 생각으로 딸한테 연락도 안 했어요. 그런데 그때 이런 생각이 들더라고요. '이제는 내가 없어도 되는 나이가 됐구나. 아이는 이렇게 엄마 없이도 잘 살 수 있다고 하는데 나는 엄마답지 못하게 지금 뭐하는 짓이지?' 그제야 정신 차려야겠다는 생각이 들더라고요."

그 후로 혜숙 씨는 딸에게 의존했던 것들을 일부러 하나씩 분리하기 시작했다고 한다. 딸에게 받던 용돈, 제일 먼저 경제적인 도움을 거절했다. 전에는 필요한 물건들이 있으면 딸에게 부탁해 인터넷으로 구입하곤 했다. 그때마다 딸은 '엄마 이건 내가 생일 선물 미리 사주는 걸로 할게'라며 돈을 주지 말라고 해왔고, 혜숙 씨는 엄마로서 당연히 이 정도는 받아도 된다는 생각에 거절하지 않고 받았다고 한다. 하지만 지금은 나중에 선물을 받더라도 정확하게 돈 계산을 한다. 물론 딸은 갑자기 변한 엄마의 태도에 조금 당황하기도 하고, 더러는 걱정이 되었는지 자신이 뭔가 섭섭하게 한 것이 있다면 말해달라고 한 적도 있다고 했다. 딸은 냉정하다고 느낄 수도 있겠지만 언젠가는 엄마의 마음을 알아차릴 거라 혜숙 씨는 믿고 있었다. 이렇게 딸과의 사소한 것부터 조금씩 분리하기 시작한 그녀는 자신 또한 딸에게 망설이지 않고 원하는 것을 편하게 요구하고, 거절할 수도 있게 되었다고 했다.

한번은 이런 일이 있었다고 했다. 손자가 혼자서 놀이를 하다가 잘 되지 않는지 애먹고 있어 혜숙 씨가 곧바로 아이를 도왔는데 딸이 와서 "엄마 그냥 혼자 하게 놔둬"라고 했다는 것이다. 그 말이 너무 서운했다고 한다. 하지만 지금은 딸의 가족 일에 관여하지 않음으로써 자신이 혼자서 보낼 수 있는 시간에만 집중하고, 최대한 즐기고 있다고 했다. 그야말로 서로에 대한 기대치를 조금씩 내리기 시작했더니 해줘야 하는 것들에 대한 부담감도 줄었다. 더불어 의지하지 않고 멋지게 홀로서기하는 모습을 보여주고 싶어서 젊었을 때보다 더 많이 배우고, 노력하는 사람이 되었다고 한다. 혜숙 씨는 딸에게 짐스러운 존재이기보다 혼자서도 멋지게 독립해 잘 사는 엄마로 기억되고 싶다고 했다.

그런가 하면 중, 고등학생 자녀를 둔 진희 씨는 중년의 나이임에도 불구하고 엄마와 제대로 분리되지 못하고, 자신의 삶이지만 정작 그 삶의 주체가 되어 살지 못하는 여성이다. 진희 씨는 아침, 저녁 구분 없이 엄마에게 전화가 걸려오면 언제든지 엄마 앞에 나타나주는 착한 딸이었다고 한다. 물론 진희 씨의 아버지는 아직 건강한 분이셨다. 그럼에도 불구하고 엄마는 크고 작은 일이 있을 때마다 늘 큰딸인 진희 씨에게 연락을 했다고 한다. 어느 날 학교에 간 아들이 수업시간에 써야 할 준비물을 빠뜨리고 갔다고 급히 학교로 가져다달라며 전화가 왔는데 진희 씨는 할머니 호출이 있어서 못 간다고 했다는 것이다. 이 일로 아들은 상당히 긴 날을 진희 씨에게 화가 나 있었다고 했다. 나는 엄마를 향해 언제나 대기 상태로 긴장하고 있어야 하는 상황이 힘들지 않은지 물었고, 진희 씨는 당연히 힘들다고 대답했다.

"그 순간 고민을 하는 것 같아요. 내가 오늘 마음먹은 일들이 있는데 엄마에게 가면 그 계획들이 다 소용없어지는데 화가 나기도 하고 속상하죠. 후회되기도 하고 짜증도 나요. 그런데 그 순간 또, '내가

마음의 거리를 만들면
역설적이게도 서로가 더욱 소중한 존재임을 알아차리게 된다.

그래도 큰딸인데 엄마 부탁을 모른 척하면 안 되지. 엄마가 우리들을 키우느라 얼마나 고생이 많으셨는데'라는 생각이 들죠."

선택의 기로에 설 때마다 진희 씨의 마음 한편에서 죄책감이 일어난다고 한다. 그래서 엄마가 원하는 대로 대부분 맞춰드리고 산다는 것이다. 그러다 보니 진희 씨는 자신의 가족들로부터 아내와 엄마로서 역할을 제대로 안 한다는 비난을 듣게 되는 일도 생기는데, 그때마다 자신을 자유롭게 놓아주지 않는 그녀의 엄마를 향한 미움은 점점 커져만 간다고 했다.

혜숙 씨와 진희 씨 모두 가족 안에서 삼각관계를 경험하고 있다고 말할 수 있겠다. 삼각관계란 가족 안에서 부부의 상호작용에 문제가 발생할 경우, 그것을 두 사람의 경계 안에서 서로 해결하지 못하고 제3자를 관계 안으로 끌어들이는 것을 말한다. 여기에서 제3자는 자녀라고 생각해도 무방할 것이다. 부부관계에 다툼이나 불화가 생기면 심리적으로 큰 불안감을 느끼게 된다. 보통 사람들은 불안감을 느끼게 될 경우 그것을 다른 사람들에게 이야기하려고 한다. 그렇게 감정을 쏟아내고 나면 무언가 후련한 마음에 조금은 편안해지기 때문이다.

하지만 부부 문제의 경우 타인에게 말을 하는 것이 오히려 더 큰 불안으로 이어질 수 있기에 보다 안정적인 대상인 자녀에게 이 문제를 털어놓는 경우가 많다. 그러다 보니 자녀 중에서도 연민의 마음이 큰 자녀가 고통을 호소한 엄마(또는 아빠)를 측은하게 여겨 배우자로부터 느끼는 결핍들을 채워주려 노력한다. 예를 들어 아빠의 외도로 힘들어하는 엄마를 둔 딸은 엄마가 외로움을 느끼지 못하도록 정서적으로 보다 깊이 결속되는 것이다. 고통스러운 엄마를 도울 수 있는 사람은 오직 자신뿐이며 자기마저도 엄마를 모른 척하는 것은 죄를 짓는 것과 같다는 '자칭 전능자'와 같은 생각을 하는 것이다. 이것은 엄마의 부탁을 거절하는 것에 강한 죄책감을 느꼈다는 진희 씨의 사례와 비슷한 맥락이라고 해석할 수 있을 것이다.

자칫 위 이야기들은 모녀간의 의존과 융합의 문제로만 볼 수도 있지만, 사실 이것은 가족체계 안에서 구성원 간 상호 작용과 갈등 그리고 관계 회복의 맥락에서 접근해볼 수도 있을 것이다. 실제 진희 씨도 앞의 혜숙 씨처럼 엄마와의 경계를 만드는 노력을 하고 있었다. 자신의 가족을 지키고 스스로 보다 주체적인 사람이 되려면 엄마로부터 분리되어야 한다는 생각을 했다는 것이다. 우선 진희 씨는 엄마보다는 자신에게서 문제를 찾아내고자 노력했다. 결혼 전까지는 오히려 진희 씨 자신이 엄마에게 많은 의존을 했었고, 엄마는 불안과 걱정이 많았던 딸을 위해 항상 옆에서 챙겨주고, 의지할 수 있는 사람이 되어주었다. 아마도 그런 진희 씨의 의존 성향이 오히려 엄마에게 늘 걱정을 안겨줬고, 지금까지도 엄마가 큰딸 진희 씨를 여전히 성인으로 자라지 못한 고등학생으로 인식하게 만드는 데 영향을 미쳤을 것이다. 그래서 진희 씨는 자신이 지금이라도 진짜 어른이 된다면 엄마도 어린 딸을 향해 쏟았던 마음을 편히 내려놓을 수 있을 거라고 생각한 것 같다.

그래서 요즘은 중요한 일이 아닌 경우 엄마의 연락을 조금씩 피해보고, 중요한 일들은 두 동생들과 나눠서 한다고 했다. 자신이 스케줄이 안 되는 이유를 엄마에게 차분히 설명해드리기도 했다. 가끔 내가 너무 이기적인 것이 아닌가라는 생각이 들면 또 죄책감이 올라와 감정이 불편해지는 것도 사실이지만 그럴 때마다 되도록이면 스스로에게 이렇게 말해준다고 했다.

"꼭 내가 아니어도 돼."

진희 씨는 왜 이렇게까지 엄마에게서 마음의 거리를 만들기 위해 애쓰는 것일까? 역설적이게도 서로가 더욱 소중한 존재임을 알아차리기 위해서이다. 그것은 앞서 혜숙 씨의 이야기에서 답을 찾을 수 있을 것이다. 과거 혜숙 씨는 딸을 향한 기대와 보상을 당연하게 생각하고 그것이 자신의 뜻대로 이루어지지 않을 경우 일방적으로 연락을 끊거나, 화가 난 기분을 공격적으로 표출해버렸다. 딸의 삶을 내 뜻대로 통제, 지배하려 들었다는 것이다. 하지만 서로에게 거리 두기를 하고 난 후 혜숙 씨는 딸의 상황을 보다 객관적으로 볼 수 있었고, 전체가 아닌 엄마의 도움이 꼭 필요한 곳에만 부분적인 관여가 가능해졌다는 것이다. 전에는 그냥 엄마가 자신의 모든 삶을 통제하려든다는 생각 때문에 늘 불편한 심기로 뽀로퉁했던 딸이 "엄마 고마워요"라는 말을 곧잘 해준다고 했다. 비로소 딸은 엄마에 대한 심리적 부담을 줄이게 된 것이다. 혜숙 씨 또한 그런 딸을 보며 진짜 자신이 좋은 엄마가 된 것 같은 기분에 행복한 날들이 이어지고 있다고 한다. 그런가 하면 진희 씨의 건강한 거리 두기도 엄마로 하여금 조금씩 서로의 관계에 대해 생각할 수 있도록 만들어줬다. 그녀는 최근에 엄마에게 "너도 많이 힘들었겠다. 사랑해"라는 말을 들었다. 두 사람에게서 발견되었던 공통된 변화는 딸과 엄마에게 집중되어 있던 에너지가 분산되다 보니 다른 가족들에게도 관심이 생기기 시작했다는 것이다.

이렇게 엄마와 딸 누구라도 먼저 용기 내서 혜숙 씨와 진희 씨처럼 각자의 홀로서기를 시작할 수 있다면 이것은 개인의 문제를 넘어 가족 안에서의 관계와 구조까지도 바꿀 수 있는 좋은 상호작용이 될 거라 생각한다.

애착의 상실 극복하기

우리는 누군가와 헤어지거나 분리 혹은 애착의 상실을 경험하게 되면 슬픔의 감정을 느끼게 된다. 이때 이별이나 분리는 심리적으로 홀로 남겨졌다거나 더 이상 진실로 교류할 대상이 없어졌거나 또는 친밀했던 사람, 사물의 상실과 죽음을 통해 경험한다. 이때는 괴로움을 줄이기 위해 타인의 위로를 구하거나 자기 안으로 움츠러드는 경향을 가지고 있다.

이러한 상실감에서 빠져 나오지 못하고 무기력과 우울한 시간을 보낼 경우 가장 시급한 것은 슬픔 이면에 해결되지 못한 분노와 죄책감을 표현하게 하고 자기감을 강화하는 것이다. 애착의 상실을 극복하기 위해서는 무엇보다 경험을 강화시키는 것이 중요하다. 감정을 부인하지 않고 자각을 증진하기 위해 은유나 함축적인 언어, 공감을 반영하는 말이나 글과 같은 언어 표현을 통해 오히려 슬픔을 깊이 경험하되 회피해서는 안 된다. 억지로 긍정적인 척 밝게 보이려 하거나 슬픔의 감정을 회피하지 말고, 현재 일어나는 현상 그대로를 충분히 경험하고 자각하며 수용할 수 있어야 한다.

엄마가 항상 같은 모습으로
머물러줄 것이라는 착각

8월 남이섬의 은행나무 길은 짙은 청록색에 멈춰 있었다. 그 길을 걷다 잠시 고개를 들어 하늘을 바라보는 순간 잎사귀 사이사이로 쏟아져 내리고 있는 햇빛을 발견할 수 있었다. 마치 오늘의 나를 위해 오래전부터 준비되어 있었던 찬란한 빛 같았다. 결국 나는 그날 남이섬의 은행나무 길을 걸으며 눈물을 흘리고 말았다. 그날 내가 걸었던 그 길은 엄마의 길이기도 했다.

4년 전 10월의 어느 날 이 길의 가운데에 엄마가 있었다. 언니와 함께 여자 셋이서 돌발적으로 떠나온 반나절의 짧은 여행길이었다.

엄마는 흔하디흔한 가을 은행잎이 뭐 볼 것 있냐며 큰 기대를 안 하는 눈치였다. 하지만 남이섬의 은행나무 길은 그 모습 그대로 엄마에게 10대 소녀의 감성을 끄집어내주기에 충분했다. 엄마는 너무나 행복해하셨다. 노랗게 물든 은행나무와 바닥에 수북하게 쌓인 황금빛 은행잎을 배경으로 휴대폰 카메라 셔터를 연신 누르고 계셨다. 한껏 포즈를 취하며 사진을 찍는 엄마의 모습에서 나는 10대 소녀의 얼굴을 봤던 것으로 기억한다. 휴대폰의 개인 SNS 계정으로 들어가 그날의 사진들을 다시 찾아보았다. 노란 은행나무 길 가운데서 위아래 검정색 옷을 입고 환하게 웃고 있는 엄마가 있었다. 미인이었다. 나는 앞으로 언제든 이 길의 가운데쯤에 서게 되면 엄마를 떠올릴 것이다. 엄마가 영원히 떠난 뒤에도 아마 그 감정은 그대로 살아남아 있을 것이다. 그때를 생각하니 마치 심장이 굳어오는 것 같은 먹먹함이 느껴진다.

대학원의 수업 시간 중 한 학생(중년 여성)이 자신의 꿈 이야기를 한 적이 있다.

"참 이상한 꿈이었어요. 지금도 장면 장면이 너무 생생하거든요. 꿈에서 제가 죽었는데 저는 화장을 할지 매장을 할지를 고민하고 있었어요. 화장은 뜨거울 것 같고, 매장은 뭔가 갇히는 느낌이라 무엇으로 결정할지 고민이 되더라고요. 꿈에서 '그래, 엄마랑 상의해야겠다'라며 생각하고 있는데 저의 죽음 소식을 듣고, 친정 식구들이 장례식장으로 모두 왔어요. 그런데 너무 이상한 게 엄마도 그만 죽은 거예요. 그래서 제가 엄마에게 다가가는데 엄마가 너무 신이 나서 춤을 추고 계셨어요. 그 모습이 지금의 엄마가 아닌 젊은 시절 엄마 모습이었고, 정말 너무 예쁘셨어요. 엄마를 방해하고 싶지 않아 저는 꿈속에서 '엄마 예쁘네, 우리 엄마 예쁘네'라고 혼자서 계속 말하고 있었던 것 같아요."

교수님은 이 학생의 꿈 장면을 나눠서 여러 가지의 질문을 통해 학생 스스로가 새로운 의미를 가져보도록 도우며 해석하기 시작하셨다.

"꿈에서 자신이 죽었다는 것은 어떤 의미일까요?"

"그 당시 제가 몸이 너무 아팠어요. 죽음에 대해 이런 저런 생각도 많았고요."

"장례를 화장으로 할지 매장할지 고민했는데 그것들 각각은 무엇을 의미할까요?"

"화장은 '뜨거운데 괜찮을까?' 하는 걱정과 제가 소멸해서 없어진다는 느낌이 들어 무섭고 두려운 것 같아요. 매장은 무언가 갇히는 느낌이라 답답한 것 같고요. 이 꿈을 꿨던 시기에 몸이 아프니깐 학교를 휴학해야 하나, 일도 그만둬야 하나 하는 고민들이 많았어요."

"엄마와 장례 방법을 상의한다고 했어요. 그것은 또 무엇일까요?"

"제가 사실 엄마와 분리가 되지 않고, 많은 부분 융합되어 있었어요. 작은 물건 하나를 사더라도 엄마에게 물어보고 결정하는 식이었어요."

"그럼에도 불구하고 엄마에게 달려가지 않고 먼발치에서 지켜보셨어요. 그것은 또 무엇을 의미할까요?"

"엄마와 내 삶이 다르다는 것, 나는 나고 엄마는 엄마의 삶이 있다는 것 아닐까요?"

"엄마가 지금의 모습이 아닌 젊은 시절 엄마의 모습이 나왔고, 너무 예쁘다는 것은요?"

"사실 저희 엄마는 자신을 꾸밀 줄 모르는 분이셨어요. 항상 억척스럽고 가정에서 일어나는 크고 작은 문제를 해결하는 강한 엄마, 그런 분이셨거든요. 저 또한 그런 엄마만 보고 자랐지, 젊은 시절 예쁜 엄마를 본 적도 궁금해한 적도 없는 것 같아요. 꿈에서 보니 '아, 엄마에게도 저 시절이 있었겠구나'라는 생각이 들었던 것 같아요."

교수님은 꿈의 주인공이었던 학생에게 꿈 해석 과정을 경험한 후 기분이 어떤지에 대해 물으셨는데, 마치 그녀는 현실에서 엄마와 자신이 서로 화해하는 것 같은 느낌을 받았다고 대답했다. 또한 스스로 못마땅해했던 자신의 과거와 현재를 수용하는 것으로 자기와의 화해도 일어난 것만 같다고 했다. 이 말을 할 때 옆에서 바라본 그녀의 모습은 밤새 고민하며 풀지 못했던 수학 문제의 해답을 찾아낸 어린 학생처럼 다소 상기된 감정을 감추지 못하고 있는 듯한 모습이었다. 딸들은 자신에게 과거의 나와 현재 그리고 미래의 내가 있는 것처럼 엄마에게도 시간의 흐름이 존재한다는 것을 깨닫지 못하고 지나쳐버리곤 한다.

"혼자서 거실 바닥에 앉아 TV를 보는 엄마의 뒷모습을 보는데 엄마 등이 많이 굽었더라고요. 항상 강하고 드센 엄마였는데 엄마의 몸집이 너무 작고 말랐다는 것에 놀랐어요. 쓸쓸해 보이기도 하고…. 괜스레 가슴뼈가 내려앉는 느낌이랄까, 엄마가 떠나면 내가 제일 많이 울 것 같아요. 왜 나는 오빠나 동생만큼 사랑해주지 않았냐고 원망하는 마음도 있는데 이제는 오래 걷는 것도 힘들어하는 노인이 되어 계시니 보면서 측은지심이 생기더라고요. 엄마에게 듣고 싶었던 '미안했다. 사랑했다'는 말을 들어야지 용서가 될 것 같았는데, 그냥 지금은 세월이 나를 변화시키는 것 같아요. 나도 곧 엄마 나이가 될 테니까….”

젊은 엄마와는 가능했던 언쟁과 기대, 원망의 심리적 줄다리기가 나이 들어 할머니가 되어버린 엄마에게는 좀처럼 허락되질 않는다. 그래서 무언가 중간에 타협 아닌 포기를 한 것만 같아 기분은 늘 아쉬움과 애석함이 남아 있기도 하다. 그러나 나는 실망할 필요도, 무엇인가 손해 보는 듯한 감정에 억울함을 느낄 필요는 없다고 말해 주고 싶다. 우리가 지금 보고 있는 사람은 나이든 엄마이지, 결코 젊은 엄마가 아니기 때문이다. 어느 때에는 세월의 약으로부터 도움받을 필요도 있는 것이다.

심리치료 기법 중 하나인 수용전념 치료(ACT)에서는 심리적 유연성 획득을 무엇보다 중요하게 다룬다. 많은 경우 부모로부터 정서적 학대를 비롯한 상처가 되는 사건, 경험을 통해 ‘나는 사랑받지 못했어’, ‘나는 잘하는 것이 없어’, ‘내 인생은 무가치해’라는 식의 부정적 패러다임이 만들어지고, 이것은 개인에게 주어진 문제 상황들을 회피하게 하는 심리적 경직성을 불러일으킨다는 것이다. 사실 한 사람에게 반복적으로 일어났던 일들의 경험 학습을 통해 신념처럼 만들어져버린 삶의 패러다임을 바꾸는 것은 그리 쉬는 일이 아니다.

예를 들어 가족을 위해 애써 차린 음식에 대해 '음식 맛이 왜 이래? 당신은 음식 만들면 안 되겠다'라는 말을 반복적으로 들었던 사람이 있다고 가정하자. 어느 순간 이 사람은 자신이 만든 모든 음식은 맛이 없다고 믿게 될 것이며, 음식 만드는 것을 비롯해 심지어 부엌에 들어가는 것조차 회피하게 될지도 모른다. 이 사람이 다시 음식 만드는 것을 좋아하게 되길 원한다면 무엇보다 주변 사람들로부터 자신의 음식 솜씨에 대해 칭찬과 인정을 받아 '나는 좋은 요리 솜씨를 가졌어'라고 스스로 생각할 수 있어야 한다.

술을 마신 후 평소에 하지 못했던 말들을 쏟아내는 사람들을 절대로 이해하지 못하고 혐오하는 사람이 있다고 가정하자. 이 사람은 자신이 힘든 일을 겪어 술을 마신 후 하지 못하고 억눌렀던 말들을 누군가에게 하소연해보기 전에는 술을 핑계삼아 속 깊은 얘기를 꺼내는 사람들을 절대 이해하지 못할 것이다. 즉, 동일한 사건에서 기존에 자신이 가지고 있던 생각에 반하는 감정을 유발하는 새로운 경험을 하기 전까지는 역기능적 사고, 행동 경향을 바꾸는 것도 누군가의 마음을 완전히 공감하고 수용하는 것도 쉽지 않다는 것이다. 그래서 수용전념 치료는 직접적 경험과 간접적 경험을 통해 심리적 유연성을 확대시키는 것에 도움을 준다. 혹은 새로운 경험을 통해 부정적 사고를 바꾸는 것이 어렵다면, 과거의 사건에 얽매여 그것이 해결되기만 기다릴 것이 아니라 현재 지금의 내가 가치 있다고 판단하는 것들에 집중하고 알아차리게끔 돕는 것으로 치료적 맥락을 잡아야 한다.

엄마에 대한 원망이 컸던 정숙 씨는 TV를 보는 엄마의 뒷모습에서 자신이 엄마를 향해 가지고 있던 과거의 원망보다는 지금 여기에서 느끼는 연민의 감정을 알아차린 것이다. 나이든 엄마는 약해졌고 생활의 많은 부분에서 딸의 도움을 필요로 한다. 딸은 그런 엄마가 애잔하고, 세월이 야속하게만 느껴지기도 한다. 그렇다면 이것이 현재인 것이다. 과거의 엄마로부터 내가 받았던 서운하고 속상한 감정이 아니라 현재 내 앞에 있는 엄마로부터 느끼는 애잔함, 측은함, 연민이 실제 지금의 내 감정이라는 것을 알아차려야 한다. '나는 엄마가 미운데 내가 왜 엄마에게 이런 감정을 느끼지?'라고 의아해하며, 자연스럽게 느껴졌던 감정을 애써 밀어내지 않기를 바란다. 이렇게 현재에 집중하다 보면 일시적으로 보지 못했던 엄마와 나 사이 일어나는 새로운 것들을 알아차리고 경험할 수 있게 될 것이다.

독일의 철학자 라이프니츠(Leibniz)는 "헤아릴 수 없이 많은 나뭇잎들 가운데 '완전히 똑같은' 잎은 하나도 없다"라며 다름과 차이에 대한 설명을 했다. 한 나무에서 난 나뭇잎과 꽃, 열매지만 그 형태도 빛깔도 다르다는 것이다. 꼭 그렇지 않더라도 그것들을 바라보는 그날 그시간 그곳에서 느끼는 내 기분, 감성에 따라 같은 것이지만 다름을 발견할 수도 있을 것이다. 매 순간 움직이는 시간 속에서 살고 있는 우리들은 타인과 다를 수밖에 없다. 그 동시에 매일, 매 시간, 매 순간 나 자신도 달라지고 있는 것이다. 어제의 나와 오늘의 내가 가진 감성이 다르기 때문이다. 그러니 분명 예전이나 지금이나 나에게는 같은 사람인 엄마일지라도 어느새 전혀 다른 엄마를 충분히 느낄 수 있다는 것이다. 엄마의 세월을 이제는 회피하지 말고 수용하며 바라봐줄 때이다.

"가끔 엄마와 가족들이 모여 식사를 하는데 자꾸 입 주변에 음식물이 묻는지도 모르고 계속 드시는 엄마를 볼 때가 있어요. 뭐 별거 아닌 일일 수도 있는데 저는 그 순간 그냥 '아, 엄마가 감각이 무뎌졌구나' 이런 생각이 들어 속상했어요. 자기 고집도 강한 편이고, 깐깐한 분이셨는데…. 요즘은 오히려 자식들 눈치를 살피는 것 같아서 기분이 묘하더라고요."

나를 포함한 세상의 모든 딸들은 나의 엄마만은 언제든 항상 같은 모습으로 머물러줄 것이라는 어리석은 생각을 하고 있는지도 모르겠다. 주말이면 가끔씩 장을 봐와서는 온갖 종류의 김치를 하루 종일 담그는 엄마를 볼 때가 있다. 그런 날은 밤이 되면 여지없이 온몸의 여기저기 안 쑤신 곳이 없다며 끙끙거리신다. 그냥 '고생이 많았다. 고맙다'는 말과 함께 아픈 곳을 주물러주면 좋으련만, 나는 그리 고운 말로 엄마의 노고를 치하하지도 나의 속상함을 표현하지도 못했다.

"그러게 뭐 하러 김치는 종류대로 그리 다 만들고 그래요. 요즘 누가 집에서 김치 담가 먹는다고. 사서 먹는 게 더 싸고 맛있어. 다음부터는 만들지 마세요."

그러나 나는 알고 있다. 훗날 어느 아침 밥상에 앉아 엄마가 만들어주었던 김치가 너무나 먹고 싶어 펑펑 울게 되는 날이 온다는 것을 말이다. 죽음이라는 명제 앞에 자유로운 인간은 없을 것이다. 그렇기에 어쩌면 우리는 더욱 소중한 오늘을 살아내야만 한다. 엄마와 딸에게 어떤 하루가 의미 있을지 어떤 가치를 추구할지는 내가 선택하는 것이다.

폴란드 시인 비슬라바 쉼보르스카(Wislawa Szymborska)의 시 〈두 번은 없다〉를 보면 반복되는 하루는 단 한 번도 없으며, 존재하기에 사라지고, 사라지기에 아름답다는 표현이 있다. 우리 중 누구도 우리가 같은 하루를 똑같이 한 번 더 살 수 있다고 생각하는 어리석은 사람은 없다. 그러나 마치 우리는 여러 번의 기회를 더 갖고 있는 사람들처럼 그렇게 서로에게 상처를 남긴 채 한 시간, 하루, 일주일, 한 달…, 한평생을 보내기도 한다.

개인의 심리적 문제로 상담사를 찾는 많은 내담자들 중에는 개인의 문제보다는 부모와 관계, 가족이란 체계 안에서 해결되지 못했던 감정적 문제로 힘들어하는 경우들이 있다. 이런 경우 해당하는 관계 대상들과 상황에 대한 재경험, 재구조화를 통해 치료를 시도해야 한다. 하지만 간혹 부모가 이미 고인이 된 경우는 그러질 못한다. 그렇게 되면 그것이 주는 쓸쓸함과 후회, 죄책감은 오롯이 남은 자식의 몫이 되고 만다. 그때는 꿈 속 장면 하나하나에 새로운 의미를 부여했던 학생처럼 새로운 해석을 할 수 있어야 한다. 이것이 바로 진짜 화해이다.

"엄마는 늘 바빴고, 저를 사랑하지 않았어요"를 "엄마는 아빠를 대신해 가정을 보살폈던 강한 엄마였어요"로, "엄마는 나를 자신의 소유물처럼 여겨, 정말 지긋지긋해"는 "엄마는 늘 나를 걱정했고, 자랑스러워했어요. 그런 딸을 위해 희생하신 엄마죠"로 바꿔 생각할 수 있어야 한다. 이것은 이미 익숙한 나만의 관점에서 벗어나 보다 다각적 관점으로 엄마를 볼 수 있어야지만 가능해진다. 작은 것 하나에서조차 의미를 발견할 수 있다면 우리가 새롭게 보려고 하는 것들에 충분한 가치가 있을 것이다. 자연에는 결코 반복이 없다. 누군가를 용서하고 사랑하기로 마음먹었다면 똑같은 한 사람에게서 다른 모습을 찾을 수 있어야 한다.

삶을 살아가는 방식, 의미에 의한 치료 '로고테라피'

로고테라피에 의하면 우리는 삶의 의미를 아래의 세 가지 방식으로 찾을 수 있다.

1) 무엇인가를 창조하거나 어떤 일을 함으로써
2) 어떤 일을 경험하거나 어떤 사람을 만남으로써
3) 피할 수 없는 시련에 대해 어떤 태도를 취하기로 결정함으로써

가치 있는 삶의 의미에 다가갈 수 있게 된다. 한 번뿐인 인생의 오늘을 살면서 공허하지 않으려면 우리에겐 무엇이 필요할까? 좌절과 불안, 상실의 시대를 살고 있는 현대인이 실존적 공허감에서 자유로워지기 위해서는 삶의 의미에 대한 의지가 필요하다고 한다. 의미치료(logo therapy)로 잘 알려진 빅터 플랭클(V. Frankl)은 이런 말을 했다.

"인생을 두 번째로 살고 있는 것처럼 살아라. 그리고 지금 당신이 하려고 하는 행동이 첫 번째 인생에서 이미 그릇되게 했던 바로 그 행동이라고 생각하라."

인간은 누구나 태어나 생을 마칠 때까지 각자의 삶에서 순간마다 존재하는 의미를 찾고 싶어 한다. '의미'는 스스로 자유롭게 선택할 수 있으며 그 선택은 가치로운 의미를 추구하는 것이어야 한다. 그것이 삶을 지켜내는 방식이 되어야 하는 것이다.

04

적당한 거리에서
삶의 용기를 주고받는다면

엄마가 평생을 지켜온 논을 팔았다. 시세보다 좋은 가격을 받았고, 도시에 작은 원룸을 하나 구입해 월세를 놓을 수 있는 정도의 금액이었다. 소작을 두는 것보다 어쩌면 조금 더 윤택한 엄마의 노후가 준비되는 것이기에 엄마에겐 더할 나위 없이 좋은 선택임이 틀림없어 보였다. 그런데 어찌된 일인지 논을 팔고 온 날 엄마의 기분은 이런 나의 예상을 빗나가고 있었다. 나는 조심스레 엄마에게 어찌된 까닭인지를 물었다.

"너희 아빠가 죽기 전에 유일하게 그거 하나 딱 남기고 간 건데, 판다고 생각하니 내가 잘하는 것인가 한숨이 나오고 잠도 안 오더라. 이거 팔면 너희 아빠 흔적이 한 개도 안 남잖아. 그니깐 너무 심란해서 3일 밤을 잠도 못 잤다."

그거였구나. 그렇기도 할 것이다. 재산을 모으는 것과 참 거리가 멀었던 나의 아버지가 힘든 형편 속에서 무리해서 구입했던 땅이었다. 엄마는 아빠가 다치면서 생활이 어려울 때도 이 논만은 꼭 지키려 애썼다. 그렇게 지켜온 땅인 것이다. 돌아가신 아빠를 향한 엄마의 정이었고, 신의였을 의미 있는 땅이었다. 엄마가 얼마나 심란했을지 짐작되는 부분이었다. 나는 저러다 엄마가 병이라도 날까 두려워 무슨 말이라도 해줘야 할 것만 같았다.

"잘했어. 아빠도 우리 노옥순이 장하네. 그거 지키면서 자식들 다 가르치느라 애썼네. 고생했다고 칭찬해줄 거야. 걱정하지 말어. 우리 엄마 참 대단해."

그제야 엄마의 얼굴은 조금씩 환해지기 시작했다. 딸의 목소리를 빌어 남편으로부터 괜찮다는 말을 들은 엄마는 정말 괜찮아진 것 같기도 했다.

"맞아, 그거 안 팔고 갖고 있느라고 진짜 내가 고생했지. 진짜야!"

혹여 누구에게 비난이라도 받을까 싶었는지 엄마는 자신의 고생담을 또 한 차례 소개하고서야 다시 평상시 엄마로 돌아올 수 있었다.

엄마는 아이를 돌보지 않아도 되는 주말이면 가끔 지인들과 일명 콜라텍이라고 하는 어르신들이 춤을 추는 곳에 가시곤 한다. 한참 전 운동 삼아 스포츠 댄스를 배우셨는데 춤을 추면서 스트레스가 많이 풀렸다고 했다. 그곳에 가서 춤도 추고, 사람들과 어울리며 이런저런 이야기를 나누니 즐거우신 것 같았다. 그러다 보니 엄마의 기분도 콜라텍을 다녀온 주말은 꽤 유쾌하게 바뀌어 있으시다. 하지만 간혹 콜라텍에 다녀왔는데도 엄마가 우울하거나 짜증이 나 있는 날들도 있었다. 나중에 유추해 보니 그런 날은 엄마가 춤 실력으로 주목받지 못했거나 친한 사람들이 함께 가지 못해 외톨이 마냥 다른 사람들과 어울리지 못하고 그냥 앉아만 계시다 오신 날이었다. 그리고 나는 이 두 개의 해프닝을 통해 엄마가 가지고 있는 가족과 사람으로부터의 소외라고 하는 막연한 불안감을 알아차릴 수 있었다.

사람들은 언제 불안을 느낄까? 실존적 심리치료자인 롤로 메이(Rollo May)는 불안은 개인이 자기 존재에 핵심적으로 중요하다고 여기는 가치들을 위협받을 때 촉발되는 두려움이라고 규정한다. 특히, 인간은 죽음, 늙음, 고독과 같은 실존적 문제에서 자유로울 수

모녀지간은 누구나 겪을 실존적 고통을 헤아려
위로해주고 격려해주는 관계가 되어야 한다.

없기에 삶에서 자신의 존재 의미를 발견하고 추구하는 삶을 살 수 있어야 한다는 것이다. 분명 엄마에게도 이런 실존적 문제가 있을 것이다. 하지만 딸들은 생각한다.

'엄마가? 왜?'

'실존은 너무 철학적인데 엄마가 무슨 실존적 문제까지 고민을 해?'

'엄마는 속물처럼 돈이면 만사 오케이인 사람이라 저런 거 생각 안 할 텐데.'

이것처럼 엄마의 삶을 평가 절하하는 말이 또 있을까? 그래서 한 번이라도 진지하게 엄마의 철학적 사유에 대해 인정하고 고민한 적이 없는 딸들이라면 미안해해야 한다.

"엄마 아니어도 너무 힘들어. 엄마 시대처럼 그렇게 세상이 쉽게 살아지는 줄 알아? 내가 해야 할 일이 얼마나 많은데…. 엄마라도 나 좀 도와주면 안 돼? 엄마 아니어도 골치가 아파 죽겠어."

"누가 알면 아주 벼슬하는 줄 알겠다. 다 그러고 살아. 너만 결혼하고 너만 애 키워봤냐? 우리 때는 그러면서 부모 모시고, 동생들까지 다 건사하고 그렇게 살았어. 웃겨 정말…."

사는 것이 너무 힘들다고 하소연하는 딸, 너만 힘든 것은 아니니 엄살 피우지 말라며 으름장을 놓는 엄마. 누가 더 나쁘고 덜 나쁘고는 없다. 대화 속 두 사람 모두 지칠 만큼 지쳤고, 다른 사람을 공감해줄 여유가 없다는 것이 중요하다. 우리 모두에게는 각자의 문제가 가장 중대하고 세상에서 가장 고통스러운 것이라 생각한다. 엄마와 딸에게도 예외는 아니다. 그러나 우리가 지향해야 할 엄마와 딸은 서로를 할퀴고 상처 내며 돌아봐주기를 기다리기보다는, 누구나 겪을 실존적 고통을 헤아려 위로해주고 격려해주는 관계일 것이다.

"어떻게 살든지 그것이 외롭거나 고통스럽거나 각자가 선택한 것이니까 책임도 각자 지는 몫이라고 생각해요. 다만, 서로가 잘 이겨내려고 애쓸 때 그 의지가 꺾이지 않도록 위로해주고, 어느 면에서는 채워줄 수 있는 엄마와 딸이었으면 좋겠어요. 사실 저는 굉장히 삶에 대한 태도가 난폭하고 서툴고 즉흥적인 사람이에요. 힘든 일이 닥치면 한순간에 무너질 수 있는 약한 사람인 거죠. 그런데 그 힘듦 속에서도 성찰하려 애쓰고, 균형 맞추려고 애쓰는 나를 발견하면서 이것은 과연 어떤 힘일까 생각했던 적이 있어요. 곰곰이 생각해보니 그게 엄마가 가진 대표 성향이더라고요. 항상 스스로 컨트롤하는 엄마, 어두운 숲길을 두려움에 떨며 걸었는데 저 끝에서 '가은아'하고 불러주는 사람이 엄마인 것 같아요."

가은 씨는 자신의 엄마를 굉장히 유쾌하고, 항상 해처럼 둥글고 밝은 사람이라고 소개했다. 중년이 되어버린 딸의 이야기를 귀담아 들어주고, 격려하는 분이라고 했다. 나는 가은 씨의 엄마가 높은 학력의 소유자일 거라 생각했다. 하지만 의외로 가은 씨의 엄마는 중학교를 졸업하셨고, 스무 살이 되기 전에 결혼을 한 후 줄곧 열한 살이 많은 남편 옆에서 음식점 일을 도우며 살았던 평범한 우리 시대 아주머니 같은 엄마셨다. 굴곡 없이 행복한 가정생활을 유지했을 것 같던 가은 씨 엄마는 현재 아빠와 이혼 상태라고 했다. 가은 씨가 성인이 되기도 전 고등학교 때 엄마는 가은 씨 남매에게 돌발 선언을 했다고 한다.

엄마는 "나는 이 삶을 변화시키고 싶어. 당분간 엄마가 없을 거야. 그래도 잘 살고 있어야 해"라고 말했고, 그런 엄마의 말에 가은 씨는 "엄마는 엄마만은 아니야. 엄마는 '박옥희'이기도 해. 엄마도 이제 엄마 삶을 살아"라고 말했다고 한다.

나는 순간 내 귀를 의심했다. 저렇게 말을 한 엄마도, 그런 엄마의 말을 수용하고 격려한 열여덟 살 소녀 가은 씨도 보통 사람은 아니라는 생각이 들었다. 가은 씨의 아빠는 가장의 권위를 매우 중요하게 생각하는 분이라 했다. 나이 어린 아내에게 늘 명령하며 복종을 요구했고, 자신에게 닥치는 모든 불운의 화를 엄마에게 쏟아냈다고 했다. 고단한 가운데에서도 엄마는 늘 웃어 보였고, 남매의 버팀목이 되어주었다고 했다. 학창시절 시험이나 발표 등 큰일을 앞두고 가은 씨가 긴장할 때면 엄마는 붉은색 립스틱을 바른 후, 가은 씨의 얼굴에 입술로 연지곤지를 찍어줬다고 한다. 그것은 징크스를 이겨내기 위한 두 모녀만의 약속된 일종의 의식 같은 것이라고 했다. 사춘기를 보내며 가은 씨는 엄마의 고달픈 결혼 생활을 이해할 수 있었고, 늘 자식들 앞에서 밝음을 유지했던 엄마가 자신의 삶을 찾아 아빠의 그늘로부터 벗어나려 한다는 것에 큰 저항 없이 받아들일 수 있었다고 했다.

"엄마는 아빠와의 결혼 생활로 만들어진 나무 그늘이 크길 원했다고 했어요. 그리고 그 그늘 속에서 그저 편히 살고 싶었다는 거예요. 그러나 어느 날 엄마는 그늘 밖 햇볕이 궁금하셨대요. 전 늘 엄마를 떠올리면 소녀가 떠올라요. 아름다운 나비가 되고 싶어 하는 소녀요."

가은 씨는 엄마의 실존적 문제를 이해하고 있었다. 엄마는 자신을 수용해준 딸을 그 누구보다 신뢰하고 있었다. 우리 모두는 엄마, 딸, 아내, 며느리, 직장인으로 소개되는 역할인이기 전에 한 개인이다. 역할 속 나의 삶이 존재하듯 개인이 원하는 삶의 모습이 존재하는 것이다. 이 둘이 일치하는 것처럼 행복한 것은 없을 것이다. 그러나 안타깝게도 일치하지 않는 경우가 더 많을 것이다. 그러니 어쩌면 우리는 일반적으로 '개인으로서의 나'와 '역할인으로서의 나', 둘 간의 타협을 시도하며 살고 있는 것인지도 모르겠다. 또한, 이 둘 사이 존재하는 간격은 오로지 개인이 극복해야 하는 실존의 문제로 남게 된다.

미국의 정신과 의사이자 실존치료의 이론적 체계를 정립한 어빈 옐롬(Irvin Yalom)은 인간에게는 '고독, 무의미, 유한성, 자유'라는 네 가지 실존적 조건이 주어져 있다고 했다. 그리고 인간은 이러한 조건에 대해 각자 다양한 방법으로 적응하거나 부적응적으로 반응하며 산다는 것이다. 과연 당신은 어느 편에 더 가까운가? 적응적 인간으로 살고 싶다면 스스로 세상에 존재하는 방식을 발견할수 있어야 한다. 가은 씨 모녀처럼 개인 스스로가 자신의 삶을 변화시킬 수 있는 힘을 가지고 있다고 믿어야 한다. 그리고 선택한 것에 대한 책임을 자각하는 것이 실존의 문제에서 빠져나올 수 있는 방법이 되어준다는 것을 알아야 한다. 그것은 늘 우리를 따라다니며 괴롭히는 불안을 피하지 않고 직면하도록 도울 것이며, 나의 삶에 용기를 지니도록 격려할 것이다.

엄마와 딸의 관계가 아직도 모호한가? 적당한 거리에서 서로를 지지하고 격려함으로써 삶의 용기를 장착시켜주는 관계, 즉 '모녀지교'의 자세가 필요하다.

인간의 네 가지 실존적 조건

1) **죽음** : 세상에 바뀌지 않는 명료한 진리 중 하나는 '인간은 죽는다'는 것이다. 죽음은 인간에게 가장 강렬한 실존적 불안을 야기한다. 어떤 사람은 죽음을 회피하며 무력감을 느끼지만 어떤 사람은 죽음의 불가피성을 수용하는 것으로 오히려 죽음의 불안으로부터 해방되기도 한다. 현대인들은 죽음을 자각하지 못한 채로 그저 과도하게 돈, 일, 쾌락 등에 집착하며 '존재를 망각한 상태(Heidegger)'로 살아간다. 그리고 이것은 죽음에 대한 그릇된 방어로 해석된다.

2) **자유** : 우리의 삶은 태어나 죽을 때까지 선택의 연속이라고 말한다. 그러나 우리는 늘 선택의 불확실성이 만들어내는 불안으로부터 자유롭지 못하게 된다. 우리가 누리는 자유는 그에 따른 적절한 책임을 함께 수행할 때 진정한 자유가 된다는 것을 자각해야 한다. 삶에 대한 책임을 제대로 인식하지 못하는 사람은 책임을 회피하거나 다른 사람과 환경을 탓하며 스스로 선택의 자유를 포기하기도 한다. 자유의 불안은 책임에 그 답이 있는 것이다.

3) **고독** : 우리들의 관계 맺기는 사실 실존적 소외에 대한 두려움에 그 뿌리를 두고 있다. 어빈 옐롬(Irvin Yalom)은 대인관계적 소외 즉 외로움과 개인의 내면적 욕구나 감정이 억압되어 자아와 통합되지 못하는 개인내적 소외, 개인이 아무리 노력해도 타인과 연결될 수 없는 근본적 간격을 의미하는 실존적 소외로 나눠 설명한다. 그 어떤 관계를 통해서도 해결할 수 없는 소외의 문제는 다른 사람과 소외를 공유하는 것으로 약화시킬 수는 있다.

4) **무의미** : 삶의 의미를 발견하는 것은 개인의 존재에 대한 답이 될 수 있다. 삶의 경험에 대해 개방적 태도를 가지고 있다면 의미 발견에 도움이 될 수 있다고 전문가들은 말한다. 아우슈비츠 강제수용소 생활을 경험하며 의미치료를 창시한 프랭클(Frankl)은 "왜 사는지를 아는 자는 어떤 비극도 견딜 수 있다", "누구도 인간으로부터 빼앗아갈 수 없는 단 한 가지는 어떤 상황에서든 자신의 태도를 선택할 수 있는 마지막 자유이다"라 말하며 인간의 본질을 삶의 의미발견과 추구로부터 이해했다.

기쁨과 슬픔의 감정을
솔직하게 나눠보자!

우리는 스스로가 너무 감정적이거나 충동적인 사람이 되지 않기 위해 '일희일비(一喜一悲, 작은 것에 기쁨과 슬픔이 번갈아 일어남)하지 말자'는 생각을 하죠. 그런데 저는 '왜 일희일비하면 안 되는데?'라는 의문을 갖게 됐습니다. 지나친 억압은 오히려 도움이 되지 않기 때문입니다.

순간에 없는 것은 전체를 모아도 없다고 말합니다. 지금 현재 행복하지 않은 사람은 미래를 모아 놓아도 똑같을 거란 얘기입니다. 흔히 부모님이 살아 계실 때 효도하라는 말이 있죠. 저는 그 효도가 부모님과 일희일비 감정을 나누는 일이라고 생각해요.

"지금 기분은 어때요?"

"지금 마음은 어때요?"

"괜찮아요?"

"어떻게 하면 좋을까요?"

"어떻게 해주길 바라세요?"

내가 느끼는 감정을 정확히 알아차린 후 그것을 평가하고 판단하여 억압하거나 회피하는 것이 아니라 있는 그대로를 경험해보는 것이 중요합니다. 감정을 느끼는 것 자체가 충동을 의미하지는 않기 때문이죠. 다만 그 감정이 야기하는 생각과 행동의 경향을 통제하지 못한다면 충동이 될 수도 있겠죠. 내가 알아차린 감정과 어울리는 행동을 선택하는 것은 내 자유 의지이기 때문입니다. 결국 감정을 조절한다는 것은 충동적이지 않고 선택적인 것을 의미한다고 할 수 있을 것입니다. 그리고 우리는 그 선택의 전제로 보다 '의미 있는' 것을 추구할 수 있어야겠지요.

우리가 잘 알고 있는 캐릭터 중 '빨강머리 앤'이 있습니다. 제 개인적인 생각으로 '일희일비를 가장 잘하는 인물이 아닐까'라는 생각이 들어요. 앤은 참 세상 모든 것들에 감탄하고, 표현하는 소녀이죠. 아무도 느끼지 못하는 곳에서 앤은 기쁨을 느끼는 인물입니다.

긍정심리학의 권위자 바바라 프레드릭슨(Babara Frederickson)은 긍정정서의 핵심원리 중 하나가 사고와 행동 목록을 확장시켜 마음과 생각의 문을 열어주는 것이라고 했습니다. 즉, 우리가 느끼고 경험하는 긍정정서는 우리를 보다 수용적이고 창의적인 사람이 되도록 돕는다고 합니다. 그 대표되는 열 가지 긍정정서로는 '기쁨, 감사, 평온, 흥미, 희망, 자부심, 재미, 영감, 경이, 사랑'을 뽑습니다. 그리고 열 가지 정서를 일상생활에서 자주 반복적으로 경험하는 사람이 진정한 긍정정서를 구축할 수 있다고 말합니다. 그래서 제가 어느 날 곰곰이 생각해보니 이런 긍정정서를 평상시에 자주 빈번히 느끼는 대표적인 인물이 바로 빨강머리 앤이 아닐까라고 생각한 거죠. 우리가 앤을 통해 배워야 하는 것은 바로 충분히 느끼고 충분히 표현하는 인물이라는 점입니다.

빨강머리 앤이 초록지붕 집으로 처음 들어가던 날 마차로 하얀 사과나무 길을 지나가죠. 앤이 보기에 그 길이 너무 예쁜 거예요. 그래서 그 길의 이름이 무엇인지 아저씨에게 물었는데 별다른 이름이 없다는 것을 듣고 자신이 그 자리에서 '기쁨의 하얀 길'이라고 새롭게 이름을 지어줘요. 그리고 본인이 너무 황홀해합니다. 이렇게 앤처럼 나의 신체 감각을 통해 느껴지는 감정을 회피하지 않고 충분히 경험하고 수용해보는 것만으로도 어쩌면 우리는 똑같은 일상에서 전혀 상상치 못했던 새로운 정서를 경험하게 될지도 모르겠습니다.

노인의 경우 자녀와 정서적 결속이 높을수록 생활에 대한 만족도가 높다고 합니다. 정서적 결속은 직접적인 접촉과 전화, 편지 같은 간접적인 접촉, 집안일, 선물, 용돈 등 관계 유지를 위해 실천되는 것을 통해 신뢰, 존경, 친밀감, 사랑, 만족감 등과 같은 긍정적으로 느끼는 따뜻한 감정과 가까운 친밀도를 말하죠. '어떤 감정을 느끼느냐', 또 '감정유발을 위해 어떤 표현을 했는가'로 이해할 수 있겠죠. 이제부터라도 가는 세월을 붙잡지 못해서 안타까워하고, 애통해하는 것보다는 '지금', '여기', '순간' 느낀 만큼 많이 표현해보면 어떨까요?

"일희일비하자! 내일은 보장되어 있지 않아. 오늘 느껴야 할 소소한 기쁨들을 모아서 훗날 한꺼번에 크게 기뻐하는 것이 과연 무슨 의미가 있을까? 오늘 위로해야 하는 작은 슬픔을 모아서 훗날 한꺼번에 위로한다고 그 사람이 아프지 않을까? 우리의 감정은 일시적이며 끊임없이 변할 텐데. 오늘 이 순간 내가 느낀 감정, 그것이 진짜이며 소중한 것 아닐까? 그러니 가끔은 일희일비하자."

에필로그

여기까지 잘 읽어주신 여러분께 감사드립니다. 여전히 글을 쓴 후에는 아쉬움이 있습니다. 그래도 그 순간 내가 담고 싶었던 마음과 생각을 담아냈다고 말씀드리고 싶어요. 이 책을 읽었다고 해서 드라마틱하게 어느 날 갑자기 우리 모녀 관계가 환상의 짝꿍이 될 수는 없을 것입니다. 그럼에도 이 책을 통해 필자가 제시하고 안내한 여러 방법을 숙지하고, 어느 부분은 삶의 일부분으로 데려가 실천해보기를 권합니다.

저 또한 글을 쓰는 내내 많은 반성과 후회를 해야 했고, 더러는 아직까지도 서운함과 원망의 감정을 가지고 있음을 알아차리게 되었습니다. 그래도 이렇게 긴 시간을 엄마만을 기억하며 글을 쓸 수 있었다는 것에 감사한 마음이 너무나 큽니다. 그동안 잊고 있었던 엄마와의 에피소드가 하나씩 떠오를 때마다 보물섬에서 보물을 발견하는 것마냥 기뻤습니다.

엄마로부터 남자 동생들에 비해 충분히 사랑받지 못했다고 슬퍼하던 딸이 있었습니다. 하지만 주변 가족들의 말은 달랐습니다. 어렸을 때부터 그녀의 엄마는 딸을 누구보다 예뻐했다고 했습니다. 관계 안에서 엉킨 실타래의 실을 풀기 위해서는 실을 놓지 않아야 합니다. 내가 기억하지 못하는 것, 또 기억에서 일부러 밀어냈던 것들만이라도 충분히 기억해낼 수 있다면 모녀간 친밀감을 만들고 유지하는 것이 가능해질지도 모르겠습니다.

전 직장 여자 선배의 친정어머니 빈소에 다녀온 적이 있습니다. 그
곳에서 그 선배가 이런 이야기를 했어요.

"마음의 준비가 되어 있었는데 앞으로 가을을 어떻게 견딜지 모르
겠어. 김장 김치만 보면 엄마 생각이 날 것 같아."

그 뒤로 저도 엄마의 김치를 볼 때마다 그날이 떠올라 마음 한편이
아리기도 했습니다. 긴 시간 같은 여자로 살아오며 많은 것을 공유한
엄마와 딸들의 메타포가 눈물과 회환의 감정이기보다는 기쁨과 평온
함의 감정을 많이 담고 있었으면 하는 바람이 있습니다. 소설 〈참을
수 없는 존재의 가벼움〉을 쓴 밀란 쿤데라는 해당 작품 속에서 사랑
은 메타포가 만들어지는 것으로 시작한다고 했습니다. 그는 테레자
를 향해 '그녀는 송진으로 방수된 바구니에 담겨져 그의 머리맡에 놓
인 아기 같았다'라고 표현했습니다. 그것으로 그냥 똑같은 남자와 여
자가 아닌 특별한 관계임을 나타냈던 것입니다. 여러분에게는 어떤
메타포가 있으세요? 그것이 여러분 모녀관계를 대변하는 증거가 되
어줄 것입니다.

'정통 방식은 무시한 채 만들어진 엄마표 해독 주스는 단 한 명의
고객, 나를 위해서였다.'

'무지개 빛깔을 닮은 삼남매의 뜨게 옷에는 엄마의 겨울이 함께 숨

쉬고 있었다.'

이번 책을 펴내는 데 도움 주신 분들이 참 많습니다. 특히, 용기 내어 인터뷰에 참여해주신 따뜻한 감성의 엄마와 딸들을 빼놓을 수 없을 것입니다. 저는 인터뷰를 하며 그녀들에게서 작은 공통점을 발견할 수 있었습니다. 딸들이 그녀의 엄마에 대해 숨김없이 편히 이야기를 꺼냈던 것과는 다르게, 엄마들은 성인이 된 딸들의 이야기를 아꼈다는 것입니다. 되도록 좋은 이야기만 그리고 어떤 이야기를 하더라도 "우리 딸은 정말 착해"라는 말로 마무리를 하고 있었습니다. 이것이 엄마의 마음인가 봅니다. 저는 제 엄마를 빌어 세상의 모든 딸들을 대신해 전하고 싶습니다.

"낳아주고, 키워주고, 다시 또 함께 삶의 후반부를 걸어가주고 있는 엄마 노옥순 여사님 고맙습니다. 그리고 사랑합니다."

세상에 태어나 누구라도 제일 먼저 부르게 되는 두 글자의 이름 '엄마', 세상 모든 엄마와 딸들의 감성을 살포시 감싸주는 포근한 이불 같은 글이 되었기를 바래봅니다.

- 손정연 -

나는
엄마와
거리를 두는
중입니다

초판 1쇄 발행 2017년 12월 26일
초판 2쇄 발행 2018년 6월 20일

지은이 손정연
펴낸이 이지은
펴낸곳 팜파스
책임편집 김소현
디자인 지선 디자인연구소
마케팅 정우룡
일러스트 영수
인쇄 (주)미광원색사

출판등록 2002년 12월 30일 제10-2536호
주소 서울시 마포구 어울마당로5길 18 팜파스빌딩 2층
대표전화 02-335-3681
팩스 02-335-3743
홈페이지 www.pampasbook.com | blog.naver.com/pampasbook
이메일 pampas@pampasbook.com

값 14,000원
ISBN 979-11-7026-188-9 (03180)

© 2017, 손정연

이 도서의 국립중앙도서관 출판예정도서목록(CIP)은 서지정보유통지원시스템 홈페이지
(http://seoji.nl.go.kr)와 국가자료공동목록시스템(http://www.nl.go.kr/kolisnet)에서 이용
하실 수 있습니다. (CIP제어번호 : CIP2017032155)